리더의 언어

조직을 죽이고 살리는 힘

리더의 언어

평범한 리더십을 특별하게 만들어주는 책

한근태 지음

올림

소통이란 벽을 허무는 것

　너도나도, 여기저기서 소통의 중요성을 강조한다. 소통이란 말이 식상할 지경이다.

　나는 소통이란 말을 들을 때마다 몇 가지 의문이 떠오른다. 그들이 생각하는 소통의 재정의는 무엇일까? 과연 문제의 원인이 소통일까? 혹시 자주 '소통, 소통' 하는 사람이 소통이 가장 안 되는 사람이 아닐까? 그런데 왜 이렇게 사람들이 소통에 관한 얘기를 많이 하는 것일까? 그만큼 소통이 중요하기 때문이다. 오랫동안 직장생활을 했고, 기업인과 일반인을 대상으로 20년 이상 강의를 하고, 그들과 많은 얘기를 나눴다. 소통이 직업이다. 만약 사람들이 나와 얘기하면서 벽을 느꼈다면 난 더 이상 이 일을 하지 못했을 것이다.

　소통(疏通)이란 무엇일까? 소통은 '틀 소'에 '통할 통'이다. 튼다는 건 서로의 벽을 허문다는 의미로 해석할 수 있다. 너와 나 사이의 벽을 허물어야 통할 수 있다. 서로의 벽이 단단한 상태에서 생각과 느낌과 아이디어를 주고받을 수는 없다. 소통하기 위해서는 일단 둘 사이의 벽을 부숴야 하는데 순서가 중요하다. 우선 내 벽을 허물어야 한다. 내가 누구인지 상대에게 먼저 보여줘야 한다. 내가 나를 드러내지 않는데 상대가 자신의 패를 보여줄 리 없다. 내가 생각하는 소통은 서로의 벽을 허물고 특정 주제에 대한 자신의 생각과 아이디어와 감정을 나누는 것이다. 교감하는 것이다. 내 생각을 표현하고 상대 생각을 듣는 것이다.

소통은 표현이다. 소통의 장애물 중 하나는 내가 얘기하지 않아도 상대가 알아서 내 생각을 알아줄 것이란 착각이다. 물론 그럴 때가 있기는 할 것이다. 하지만 그런 기대는 접는 것이 좋다. 나도 나를 모르는데 어떻게 남이 내 생각을 알 수 있겠는가? 소통은 그냥 아무 얘기나 마구 하는 잡담이 아니다. 소통의 순서는 일단 내 생각을 정리하는 것이다. 다음은 이를 말과 글을 통해 표현하는 것이다. 그리고 상대의 얘기를 듣는 것이다. 일방향이 아니라 쌍방향이다. 상대 얘기를 듣고 내 생각과 비교해 질문하고 서로의 생각을 주고받는 게 소통이다. 정답이 있는 것도 아니고 정해진 프로세스가 있는 것도 아니다.

중요한 것은, 소통에는 많은 훈련이 필요하다는 사실이다. 가장 중요한 훈련은 언어훈련이다. 우리는 언어로 생각한다. 당연히 다양한 언어를 알아야 한다. 언어의 정확한 뜻과 의미를 파악해야 한다. 어휘력 또한 풍부해야 한다. 비유와 은유와 모순어법 같은 표현 방법을 계발해야 한다. 그래야 짧고도 강력하게 자기 생각을 표현할 수 있다.

난 태생적으로 소통에 관심이 많은 사람이다. 난 의식하지 못했는데 그 동안 쓴 책을 보면 이 사실을 알 수 있다. 무슨 말이든 정확한 재정의가 중요하단 의미로 『재정의』란 책을 썼다. 애매한 것을 정리해주는 사전이란 의미의 『애정사』도 썼다. 비유에 관한 책 『리더의 비유』도 썼고 요즘은 은유 관련 책도 쓰고 있다. 그 출발점이 바로 이 책 『리더의 언어』다. 이 책은 내게 참 의미 있는 책이다. 2006년 나온 이후 오랫동안 사랑을 받아왔고 지금도 받고 있다. 이런 일도 있었다. 어느 해 추석 전 당시 삼성생명 박근희 대표가 5만부를 주문해 전 직원과 설계사에게 이 책을 선물했다. 또 소통이란 주제로 강연을 할 때마다 많은 기업이 이 책을 구입해 교재로 사용했다.

이번에 올림 이성수 대표의 제안으로 개정판을 내면서 이전의 글들을 수정하고 새로 쓴 글들을 추가했으며 본문과 표지의 디자인을 새롭게 했다. 아무쪼록 앞으로도 독자 여러분의 사랑을 기대한다.

2024년 5월
한근태

통하는 세상을 위하여

미국 유학 시절 한 달 정도 통역 일을 한 적이 있다. 대기업 과장 두 사람이 애크론에 있는 타이어회사에 연수를 왔는데 말이 통하지 않아 연수가 불가능하다면서 학교로 연락을 해온 것이다. 그때 고분자 박사과정에 있던 내가 그 일을 맡게 되었다.

일을 시작한 지 얼마 안 되어 나는 아주 심각한 문제에 직면하고 말았다. 분명 그들의 영어 실력이 문제 되어 내가 나선 것인데, 정작 더 큰 문제는 그들이 구사하는 한국말이었다. 도대체 무슨 말을 하는지 알아들을 수가 없었다. 자기 자랑을 하는 건지, 신세 한탄을 하는 건지, 알아봐달라고 부탁을 하는 건지 좀처럼 종잡기 어려웠다. 게다가 무슨 말이 그렇게 긴지…. 말이 길고 초점이 없는 데다가 논리적이지도 않고 일관성도 없었다. 돈을 받고 하는 일이라 내색하기는 어려웠지만 그들과 만나는 기간 내내 적잖은 고통에 시달렸다. 그들을 상대하는 미국인들 얼굴 보기가 영 민망했던 기억이 새롭다. 통역하는 사람이 내용을 정확히 이해하지 못하니 통역이 제대로 이루어질 리 없었고, 할 수 없이 대충 얼버무려 전달하면 가뜩이나 논리적인 미국인은 항상 "그래서 주장하는 바가 뭐야? 초점이 어떻게 되는데?" 라고 되물어오기 일쑤였다.

나는 어린 시절부터 커뮤니케이션에 관심이 많았던 편이다. 어른들과 대화를 나누다 보면 "어린애가 무슨 말대답이야?", "어린놈이 뭘 안다고 떠들어?" 같은 말들을 종종 들었다. 내가 가장 싫어했던 말이다. 왜 말대답을 하면 안 되는지, 왜 애들은 생각이 없다고 여기는 건지 이해할 수도 없거니와 가슴이 답답해지곤 했다.
어른들의 말이나 행동을 보면서도 도무지 알 수 없는 면들이 많았다. 별것도 아닌 걸로 다투고, 말도 안 되는 얘기를 늘어놓고, 괜히 엄숙한 척 폼을 잡으면서 그저 그런 설교를 늘어놓고…. 사회생활을 하면서도 이런 생각은 계속되었다. 바쁜 직원들을 모아놓고 하는 사장님의 설교 또한 따분하기 그지없었다. "불황의 시대를 맞이하여 허리띠를 졸라매고 뼈를 깎읍시다…" 어쩌고 하는 얘기를 들으면 '저런 얘기를 듣고 반성을 하고 허리띠를 졸라맬 사람이 몇 명이나 될까, 같은 얘기를 해도 저렇게밖에 할 수 없을까' 하는 생각을 했다.

커뮤니케이션은 곧 마음이고 인격의 표현이다. 그가 어떤 사람이라는 것은 커뮤니케이션을 통해 정확히 드러난다. 속으로 아무리 고귀한 생각을 품고 있어도 그 생각을 제대로 전달하지 못하면 아무런 소용이 없다. 말과 글만큼 한 사람을 잘 보여주는 것도 없다. 바로 그렇기 때문에 높은 자리에 있는 사람, 영향력이 큰 사람일수록 커뮤니케이션을 중시해야 한다.

사실 커뮤니케이션은 리더십의 전부라고 해도 과언이 아니다. 대인관계의 모든 것이나 다름없다. 커뮤니케이션을 제대로 하지 못하면 리더십을 상실하는 것은 물론 아예 세상에서 왕따를 당할 수 있다. 가정에서도 그렇고 조직에서도 그렇다. 파문이란 말은 영어로 Excommunication이다. 즉 소통 채널에서 제외되었다는 뜻이다. 의미심장하지 않은가?

경영컨설턴트로서 내가 하는 일은 99퍼센트가 커뮤니케이션이다.

우선은 고객을 만나 그들의 고민과 이슈를 들어야 한다. 분위기를 만들어 그가 편안한 가운데 자신의 속내를 솔직히 드러낼 수 있도록 만들어야 하며 적절한 질문을 통해 미처 생각지도 못했던 것을 끄집어 내야 한다. 다른 구성원들을 만나 가려진 측면도 파악해야 한다. 이 역시 커뮤니케이션이다. 필요에 따라서는 반론도 제기하고 고객의 생각도 재정리해주어야 한다. 많은 사람을 모아놓고 연설도 해야 하고 글을 써서 설득할 때도 있고 사람들이 이슈에 대해 논의하게끔 안내해야 하는 경우도 있다.

이 책은 커뮤니케이션과 관련하여 내가 그동안 조직 생활과 컨설턴트 활동을 통해 배우고 느낀 것을 정리하여 세상에 내놓는 첫 결과물이다. 부족한 면이 많지만 책을 쓰면서 정리를 한다는 마음으로 용기를 내어 썼다. 리더들은 물론 조직 내 커뮤니케이션으로 고민하는 분들에게 조금이라도 도움이 되었으면 하는 바람이다. 더불어 독자들의 활발한 피드백을 기다린다. 그런 과정을 통해 더 많은 분들이 커뮤니케이션을 새롭게 인식하고 한 걸음 더 나아가 독자 개인은 물론 그들이 몸담고 있는 조직이 한 단계 업그레이드될 수 있다면 필자로서 더 이상 바랄 것이 없겠다.

2006년 12월
한스컨설팅 대표 · 서울과학종합대학원 교수
한근태

1 열심히 떠들고 멍청히 듣는다

문제를 키우는 커뮤니케이션의 적들

2 리더의 언어는 가슴을 뛰게 한다

커뮤니케이션의 원리와 실전 전략

3 리더의 언어는 실행을 드라이브한다

성과를 내는 커뮤니케이션 성공의 법칙

 커뮤니케이션 코칭

책 속으로 바로가기

열심히 떠들고
멍청히 듣는다

문제를 키우는 커뮤니케이션의 적들

소통의 천적
권위주의

몇 해 전, 모 재벌기업이 만든 음료수에 부유물이 들어 있다는 뉴스가 크게 보도되어 전량을 수거한 사건이 있었다. 우연히 그 회사를 방문할 기회가 생겨 한 실무자에게 물어보았다. "어떻게 회사에서 사전에 모를 수 있지요? 무슨 이유가 있습니까?" 그러자 실무과장이 이렇게 말했다. "모를 리가 있나요. 실무자들은 다 알고 있었어요. 위에는 보고하지 않았던 거지요. 워낙 권위적인 문화이다 보니 할 말을 제대로 못 하고 야단맞기 전에 실무자끼리 어떻게 해보려다 오히려 문제가 커진 거지요…." 의사소통이 원활했으면 얼마든지 사전에 조치를 할 수 있었을 것이라는 이야기였다.

이 회사의 회의실 풍경을 들여다보니 분위기가 늘 가라앉아 있고 거북한 침묵이 흐른다. '안 돼, 웃기지 마, 그것도 아이디어라고 내놓은 거야!' 윗사람은 시도 때도 없이 이런 고압적인 말투로 분위기를 꽁꽁 얼려놓는다. 그러니 솔직한 자기 의견보다는 윗사람 듣기 좋은 말들만 넘쳐난다. 그리고 늘 별일 없는 듯 넘어간다(하지만 정말 별일이 많다). 임원들은 전용 식당과 전용 엘리베이터가 있다. 회의실에서도 정해진 순서대로 앉아 위엄이 가득한 얼굴로 어깨에 힘을 주고는 언제든 으르렁댈 차비를 하고 있다.

만일 당신이 이런 조직의 구성원이라면 어떻겠는가? 잔뜩 굳었다가 얼어붙어 있는 사람들 앞에서 자기 생각을 자유롭게 표현하겠는가? 앉아 있는 것만으로도 숨이 막히고 무슨 수를 써서라도 그 자리를 빠져나오고 싶을 것이다.

한동안 항공사고가 잦은 적이 있었다. 항공기 노후화, 기상 악화, 업무 과다로 인한 피곤 누적 등등의 원인도 있었지만 그중 기장과 부기장 간의 커뮤니케이션 부재가 가장 큰 원인으로 꼽혔다. 기장과 부기장은 서로 보완하는 동시에 견제하는 사이다. 한 사람이 문제가 생겼을 때 다른 한 사람이 운항을 책임져야 하므로 함께 식사를 할 수도 없다. 또 한 사람이 무리한 운항을 시도하면 다른 사람이 이를 견제하는 역할을 담당하게 된다. 그런데 두 사람이 상하관계로 정의되면 상위자가 독주할 가능성이 커지고 그만큼 사고 위험도 커진다.

특히 우리나라 항공업계는 기장과 부기장이 주로 사관학교 선후배 사이인 경우가 많았다. 때문에 안전 운항에 꼭 필요한 대등한 관계는 말처럼 쉬운 게 아니었다. 기장이 무리하고 있다는 사실을 뻔히 알아도 후배인 부기장은 감히 이야기를 꺼내지 못했다. 이것이 잦은 사고의 주범이었다. 그래서 루프트한자 같은 항공사는 원칙적으로 군인 출신을 아예 조종사로 채용하지 않는다.

흔히 말하는 카리스마 넘치는 리더는 상대를 제압하는 카리스마의 대가로 커뮤니케이션 단절을 경험해야 한다. 기운 넘치는 목소리, 뻣뻣한 어깨, 상대를 기죽이는 눈빛 앞에서 많은 사람들은 작아지는 자신을 발견한다. 할 수 있는 이야기도 못 하고 반드시 해야 할 말도 못한다. 그저 상대가 원하는 말은 무엇이고 싫어하는 말은 무엇인지를 파악하여 최대한 심기를 건드리지 않을 이야기만 하는 것이 목표가 된다. 비위 맞추기에 급급하니 사실을 사실대로 이야기하기란 거의 불가능하다. 집안에서도 마찬가지다. 파워가 강한 가장일수록 가족에 관련된 모든 정보에서 소외당한다. 늘 무게를 잡으며 가족을 통제하는 가장이 있는 집안에는 두 종류의 상반된 커뮤니케이션 상황이 존재한다. 가장이 있을 때와 없을 때이다. 가장이 있을 때는 의례적인 말들만 오갈 뿐 쥐 죽은 듯 조용하다. 하지만 가장이 없을 때는 마음에 담아둔 솔직한 이야기들, 우스개에 실수담, 고민거리까지 자연스럽게 흘러나온다. 그러니 모든 가족이 다 알고 있는 사실을 가장만 혼자 모르게 된다.

권위주의는 커뮤니케이션과 상극이다. 권위주의는 커뮤니케이션을 감소, 단절시킨다. 솔직함을 없애고 관료주의를 키운다. 권위주의가 강한 집단은 커뮤니케이션에 상당한 문제를 안고 있다. 임원 전용 엘리베이터와 식당이 있는 곳이 그렇다. 서열순으로 자리를 정해 앉는 조직도 그렇다. 얼굴이 굳어 있거나 걸을 때 어깨가 뻣뻣한 사람이 많은 곳도 그렇다. 한마디로 권위주의는 커뮤니케이션을 좀먹는 조직의 암적 존재다.

권위주의를 없애지 않고는 조직의 생산성을 끌어올릴 수 없다. 장마철에 옷장 안에 쌓아둔 이불에서 나는 곰팡내를 없애려면 옷장 문을 열고, 이불을 털고, 햇볕에 말려야 하듯 조직에서 이런 역할을 하는 것이 바로 커뮤니케이션이다. 조직이 살아 숨 쉬려면 숨어 있는 문제점을 밖으로 드러내고 움츠러드는 마음을 열어주어야 한다. 커뮤니케이션이 활발하도록 분위기를 만들고 좋은 질문을 던져 여러 사람의 생각을 자극해서 조직에 피가 활발히 돌게 하는 것이 리더가 우선적으로 해야 할 일이다. 커뮤니케이션은 리더십이다.

여기서 생각해볼 것들

1. 당신 조직의 권위주의 점수는 어떠한가?
2. 당신은 권위적인가, 아닌가?
3. 이를 어떻게 알 수 있는가?
4. 당신의 권위주의 때문에 모든 직원이 아는 일을 당신만 모르고 있지는 않은가?
5. 권위주의 때문에 발생한 커뮤니케이션 문제에는 어떤 것들이 있는가?
6. 권위주의의 근본적인 원인은 무엇이라고 생각하는가?

눈치 없는
자뻑환자들

집사람한테서 들은 이야기다. 8명 정도 되는 모임이 하나 있는데 모일 때마다 사람들이 그 앞에는 절대 앉으려 하지 않는 한 여성이 있다고 한다. 그 앞에 앉는 순간 죽음이란다. 이유를 물어보니 마이크를 독차지하고 절대 놓지 않기 때문이란다. 워낙 말이 많은 편에다 화제 자체도 지루하단다. 자기 자식이 얼마나 예쁘고 공부를 잘하는지, 남편이 얼마나 유능하고 사회적으로 인정을 받는지, 자기가 얼마나 젊어 보이는지, 사돈의 팔촌이 얼마나 잘사는지…. 도대체 그게 나하고 무슨 상관이란 말인가?

여러 사람이 모여 대화를 한다. 이렇게 한 사람이 화제를 독점하고 있다. 입에 거품을 물고 다른 사람의 흥미를 끌려고 갖은 노력을 다

하지만, 다른 사람들은 듣는 둥 마는 둥 내내 시큰둥한 표정으로 앉아 있다.

누가 과연 이 대화의 주인공일까? 많은 사람들은 말하는 사람을 주인공이라고 생각한다. 절대 그렇지 않다. 대화의 주인공은 말하는 사람이 아닌 듣는 사람들이다. 말하는 사람이 아무리 열심히 떠들어도 듣는 사람이 공감하지 않으면 그것은 이미 대화가 아니다.

한번은 사장부터 팀장은 물론 말단 직원까지 참석하는 워크숍을 진행한 적이 있다. 대부분의 사장은 교육이라는 것은 원래 직원들이나 받는 것이라고 생각하는데, 그런 의미에서 보면 의식이 트인 괜찮은 사장인 셈이다.

그런데 막상 토론에 들어가고 보니 그것이 아니었다. 사장님은 이야기하기를 너무 좋아하는 사람이었다. 주제를 제시하고 토론을 시키자 사장님이 끼인 그룹은 사장님을 위한 독무대로 변해버렸다. 사장님은 혼자 이야기하고 나머지 구성원들은 다소곳이 듣고만 있다. 옆 그룹에서는 계속 킬킬거린다. "죽을 맛이겠어. 귀에 못이 박인 이야기를 이 자리까지 와서 또 듣고. 저런 열정으로 성공도 했겠지만 그래도 이건 심한 거 아냐?"

가만히 듣고 있으면 사장님 이야기는 구구절절 옳은 소리다. 하지만 재탕, 삼탕 듣는 사람들 얼굴에는 지루하다 못해 괴로운 표정이 역력하다. 겨우 눈치챈 사장님이 뒤늦게 양보해보지만 이미 지나간 버스에 손 흔들기였다. 사람들은 마음의 문을 꼭꼭 걸어 잠갔으니까.

말을 청산유수로 잘하는 사람, 그럴듯한 말만 골라서 하는 사람, 마이크를 오래 잡고 있는 사람이 커뮤니케이션을 잘하는 사람이라고 여기기 쉽다. 그것은 착각이다. 커뮤니케이션에 관한 가장 큰 오해 가운데 하나가 바로 이것이다.

커뮤니케이션의 주인공은 말하는 사람이 아니라 듣는 사람이다. 커뮤니케이션의 성패는 듣는 사람에 달려 있다. 듣는 사람들이 공감하지 않으면 의사소통의 채널은 끊긴 것이다.

조직의 건강성을 짧은 시간에 쉽게 알아보기 위해서는 회의 풍경을 살펴보면 된다. 사람들이 서로의 이야기에 관심을 갖고 열심히 듣고 있으면 그 회사는 건강한 회사다. 하지만 남이 이야기를 할 때 열심히 들어주지 않는 회사는 무언가 문제가 있는 것이다. 커뮤니케이션이란 자신이 무슨 이야기를 했느냐가 중요한 것이 아니라, 상대방이 무슨 이야기를 들었느냐가 중요하다. 듣는 태도의 차이라는 단순한 이유가 바로 커뮤니케이션의 성패를 좌우한다.

여기서 생각해볼 것들

1. 주변에 마이크를 독점하는 사람의 얼굴을 떠올려보자.
2. 듣는 사람의 마음을 잡기 위해서는 어떻게 해야 할까?
3. 말하기와 듣기의 비중은 어떻게 하는 것이 좋을까?

독대는
독약이다

모 전무는 종잡을 수 없는 스케줄 관리로 유명했다. 닥치는 대로 일하기, 약속과 관계없이 눈에 띄는 대로 만나기, 급한 일부터 먼저 처리하기가 이 수천 명 조직의 장이 일하는 방식이었다.

모 전무와 미팅 약속을 잡는 것은 하늘의 별 따기만큼 힘들고 사무실 주변은 결재를 받으려는 사람들로 항상 북적였다. 그럴 때 가장 힘을 쓰는 사람은 바로 비서다. 그래서 임직원들은 비서에게 잘 보이려고 애를 썼고 해외출장 때 마누라 선물은 못 사와도 비서 선물은 꼭 챙겼다. 그러면 약발이 일주일은 갔다.

모 전무의 특기 중 하나는 독대였다. 특히 총애하는 몇몇 임원과의 독대에는 시간을 아끼지 않았다. 그리고 독대 후에는 늘 깜짝 놀랄 만한 새 정책이나 발표가 이어졌다. 처음에는 잠시 긴장을 줄 수는 있었지만 공감대를 형성하는 데 실패했고 따라서 어떤 새 정책도 힘이 실리지 못했다. 사람들은 전무가 총애하는 임원들을 마피아라고 불렀다. 그 회사는 얼마 후 파산했다.

사람을 은밀히 불러 대화하기로 손꼽자면 단연 한국 정치인들이 최고다. 이들은 가신이나 계보원을 따로 불러 정보도 듣고 지시도 내리고 경우에 따라 정치자금도 건넨다. 물론 그 정치인이 부하와 무슨 이야기를 나누었는지 누구도 알 수가 없다.

독대가 반드시 나쁜 것은 아니다. 따로 할 말이 당연히 있을 수 있다. 하지만 독대가 너무 잦으면 공동체의 연합이 깨지게 된다.

권력의 폐단은 독대에서 출발한다. 독대한 자의 웃음은 그 자리에 끼이지 못한 사람에게는 비수가 된다. 설령 독대한 사람끼리 아무 말이 없었더라도 독대하지 못한 사람은 그 자리를 상상하면서 소설을 쓸 수 있다.

독대는 소통을 왜곡하는 주요한 원인이다. 소문을 만들어내는 원천이기도 하다. 독대한 사람에게도, 독대에서 소외당한 사람에게도 아무 도움이 되지 않는다. 쓸데없는 오해만을 불러일으킨다. 그래서 조선시대에는 왕이 신하와 독대하는 것을 원천적으로 봉쇄했다.

야단을 칠 때, 개인적인 피드백을 할 때, 사적인 상담을 할 때는 물론 독대가 필요하다. 하지만 공적인 일에 대해서는 가급적 오픈해서 이야기하는 것이 바람직하다. 특히 조직의 비전이나 미션은 더욱 그렇다. 우리가 어디를 향해 가고 있는지, 지금의 사업계획이 그 방향에 맞게 정렬되어 있는지는 오픈해서 이야기할수록 사업목표 달성에 효과가 크다.

여기서 생각해볼 것들

1. 회사 내에 공식적인 소통 채널 외에 어떤 것이 있는가?
2. 비공식적 채널에서 가장 큰 영향력을 발휘하는 사람은 누구인가?
3. 어떻게 하면 유비통신을 줄이고 공식적인 채널을 활성화할 수 있을까?
4. 오픈해서 커뮤니케이션을 하기 위해 해야 할 일은 무엇일까?

도대체
무슨 말을 하는 거야?

옛날 양반들은 커뮤니케이션을 중시하지 않았다. 심지어 경멸하기까지 했다. 물건을 산다면 "두서너 개 주시오"라고 모호하게 말했다. 두서너 개면 도대체 몇 개를 달라는 말인가? 그뿐 아니라 매사에 명확한 자기 의사 표현을 절제했다. 무얼 먹겠느냐고 물으면 아무거나가 답이다. 원하는 게 뭐냐고 물으면 없다고 한다. 하지만 이 말을 곧이들으면 오해다. 사실은 그것이 꼭 본심은 아니기 때문이다. 그들이 바라는 것은 말하지 않아도 자기 마음을 족집게처럼 알아주는 것이다. 그러니 불필요한 잔머리와 오해가 고개를 들 수밖에 없다. 본심은 아니었는데 그랬다는 둥, 네가 그럴 줄은 몰랐다는 둥….

이런 불명확한 태도를 가진 사람이 높은 자리에 올라가면 아랫사람들은 고달파진다. 또 이런 사람일수록 카리스마가 강하기 마련이어서 부하직원들이 확인차 질문하는 것도 탐탁하게 생각지 않는다.

모 재벌의 김 회장은 이 방면에서 대표선수다. 그는 늘 선문답식으로 이야기한다. 한 대목 한 대목 표현이 애매모호하기 그지없다. 그래서 회장님과의 회의가 끝나면 으레 '회장님의 본심을 읽는 회의'가 연이어 열린다. 회장님이 한 말씀을 복기하면서 그분이 왜 그런 이야기를 했는지에 대한 해석을 두고 일대 논란이 벌어진다. 따라서 직원에게 가장 중요한 자질은 업무능력이 아니라 독심술이다. 일을 잘하는 사람보다는 회장님의 본심을 잘 읽어내는 사람이 득세할 수밖에 없다. 시간이며 비용손실 또한 만만치 않다. 계속 회사에 다녀야 할지 회의(懷疑)하는 사람이 늘어간다.

사랑할 때는 선문답을 날려도 좋고 시적으로 표현해도 좋다. 하지만 조직 내에서는 명확한 커뮤니케이션이 필수적이다. 특히 업무 지시를 할 때는 더욱 그러하다. 그래야 불필요한 낭비를 줄일 수 있다. 하라는 이야기인지, 하지 말라는 이야기인지, 알고나 있으라는 것인지를 확실하게 밝혀야 한다.

명확한 업무 지시와 처리를 위해 다음과 같은 방법을 권한다.

첫째, 기대효과가 무엇인지를 명확히 한다. 막연하게 열심히 잘해보자는 것만으로는 불충분하다. 무엇을 기대하는지를 분명하게 알려주어야 한다. 한 가지가 아니라 여러 가지가 될 수도 있다. 지사를 확대하는 것, 새로운 지사를 안정적으로 운영하여 매출과 이익을 얼마까지 내는 것, 부하직원에게 동기를 부여하고 인재를 육성하는 것, 고객의 목소리를 듣고 이를 서비스에 반영하는 것 등등… 이처럼 되도록 자세하게 아이템별로 늘어놓는 것이 바람직하다.

동시에 내 기대에 대한 상대의 생각도 들어본다. 가장 중요한 것은 서로의 기대다. 대부분의 오해나 불필요한 갈등은 서로의 기대에 대한 충분한 이해가 부족한 데서 시작된다.

둘째, 실행 지침을 준다. 수단과 방법을 가리지 않고 무조건 잘하라고 해서는 안 된다. 일정한 가이드라인을 제시하고 그 범위 안에서 일하게끔 해주어야 한다. 피해야 할 일, 해서는 안 될 일 혹은 행위 등이 있다면 미리 말해주어야 한다. 이는 실행 과정에서 생길 수 있는 문제를 사전에 차단하는 효과를 낳는다.

셋째, 가용 자원을 제공한다. 기대했으면 기대에 부응할 수 있도록 지원해야 한다. 필요한 예산이나 활용할 수 있는 사람, 해외출장, 시장조사 등 업무를 추진하는 데 필요한 조건에 대해 처음부터 윤곽을 잡아두어야 한다. 돈 한 푼 주지 않고 사람 하나 붙여주지 않은 채 과중한 과제를 던져주면 그 사람은 쉽게 좌절하고 상사를 원망하게 된다.

마지막으로 성과 측정 및 보상에 대해 미리 정한다. 이 일을 언제까지 해야 하는지, 또 어떤 형태로 보고를 주고받을 것인지, 말로 할 것인지 아니면 정식 보고서를 제출해야 하는지, 일주일에 한 번 할 것인지 아니면 매일 보고하는지를 정해야 한다. 또 성과를 달성했을 때 어떤 보상이 돌아갈지도 미리 이야기를 해놓으면 좋다.

커뮤니케이션은 비용을 좌우한다. 사전에 여러 가지 것에 대해 명확히 해놓으면 쓸데없는 일에 신경 쓰지 않아도 된다. 어떻게 하면 이 일을 성취할 수 있을까에만 에너지를 집중할 수 있다. 그렇기 때문에 애매모호함을 최소화하고 사전에 모든 것을 분명하게 해두는 것이 좋다. 또 구두로만 하는 것보다 문서화해놓는 것이 좋다. 기록이 기억보다 오래가기 때문이다.

여기서 생각해볼 것들

1. 나는 업무 지시를 구체적으로 내리는 사람인가?
2. 잘못된 지시로 시간과 돈을 낭비한 적은 없는가?
3. 명확한 업무처리를 위해 고쳐야 할 점은 무엇인가?

망해가는
회사의 징후들

망해가는 회사의 특징은 무엇일까? 회의가 많고 회의 시간이 길다는 것이다. 왜 회의가 많을까? 회의를 하지 않으면 서로 소통이 되지 않고, 따라서 아무 일도 할 수 없기 때문이다. 결정하는 사람도 없고 책임지려는 사람도 없다. 하나에서 열까지 회의를 통해야만 결정이 나고 또 전달이 된다. 자연 쓸데없는 회의가 많아진다.

여기에는 몇 가지 분명한 이유가 있다.

우선 조직설계가 잘못되어 있기 때문이다. 부서마다 업무 범위가 명확하지 않은 것이다. 책임은 있는데 권한이 없다든지, 서류상으로는 규정되어 있는데 실제와는 다르다든지, 업무가 중복되어 일을 도모하기가 애매모호하다든지 해서 업무상 효과를 제대로 거두기 어렵다.

둘째, 계층이 너무 복잡한 경우이다. 계층이 많다는 것은 책임을 누가 지는지가 명확하지 않다는 의미와 통한다. 계층이 많으면 실무자가 먼저 회의를 하고, 그다음 계층이 실무자 회의에서 나온 결과를 갖고 또 회의를 하고, 다시 임원들이 회의를 한다. 그러다 보면 누가 제안을 한 것인지, 누가 실행을 하고 책임을 질 것인지 헷갈리게 된다. 실무자는 과장 핑계를 대고 과장은 부장 핑계, 부장은 임원 핑계를 대면서 핑퐁을 할 개연성이 높은 것이다. 업무 처리가 순조로울 리 없다.

셋째, 회의 자체를 전략으로 삼는 사람이 있다. 무능하지만 그 사실을 숨기고 싶은 사람들이다. 그렇다고 가만히 있기에는 양심이 켕기는 사람이 회의를 일삼는다. 이들에게는 회의를 했다는 사실 자체가 중요하다. 윗사람이 질책하더라도 떳떳이 이야기할 변명거리가 생기기 때문이다. 상사가 물으면 그들은 이렇게 말한다. "사실, 그 이슈 때문에 걱정이 되어 어제 다 모였습니다. 문제의 심각성에 대해서는 다들 공감을 했지만 어떻게 할지는 정하지 못했습니다. 오늘 다시 이야기를 나눠보겠습니다." 책임지는 것을 죽기보다 싫어하고 일보다 모임을 더 좋아하는 이들에게 최고의 면피 수단은 바로 회의를 하는 것이다.

넷째, 사람이 너무 많은 경우이다. 할 일은 한정되어 있는데 사람이 너무 많으면 회의를 많이 한다. 그래야 표가 나지 않기 때문이다. 주민 수는 계속 줄어들고 있는데 공무원 수는 계속 늘리는 지방자치단체가 그 대표선수다. 이들 조직은 쓸데없는 자리를 만드느라 또 남아도는 시간을 죽이느라 피나는 노력을 한다. 이럴 때 최고로 좋은 방법이 회의를 하는 것이다.

　망하는 조직은 회의는 많지만 정말로 중요한 정보는 오고 가지 않는다. 정말로 중요한 정보는 다른 경로로 유통된다. 한편에서는 유언비어와 헛소문이 돌아다닌다. 공식적으로 전달하는 정보에 대해서는 별 관심을 보이지 않으면서 비공식 채널을 통해 들어오는 정보에 대해서는 촉각을 곤두세운다.

　망해가는 조직은 곧 커뮤니케이션이 제대로 되지 않는 조직이다.

　이런 조직에는 먼저 5가지 경고신호가 나타난다.

　첫째, 정보 흐름이 감소한다. 정보의 절대량이 줄어드는 것이다. 보고도 차일피일 늦어진다. 사람들은 되도록 말하기를 꺼린다. 솔직한 자기 생각을 드러내지 않는다. 회의도 피하려 하고 참석하더라도 침묵으로 일관한다. 걱정이 된 상사가 별일 없느냐고 거듭 물어도 부하는 별일 없다. 모든 것이 잘되어간다고 끊임없이 상사를 안심시킨다. 하지만 엄청나게 많은 별일이 이미 벌어지고 있다. 다만 그 정보가 위로 올라가지 않을 뿐이다.

　둘째, 사기가 저하한다. 회사에 불성실하고 충성심이 떨어진다. 지각과 결근이 많아지고 회식에도 갖은 이유를 대며 빠지려 한다. 부서 간 협조가 안 되고 사소한 불만이 별다른 이유 없이 커진다. 또 문제가 되지 않았던 것들이 문제를 일으킨다. 조직의 문제점을 가장 먼저 감지하는 것은 맨 밑에 있는 직원들이다. 이들은 본능적으로 문제를 감지하고 대책을 강구한다. 다른 회사를 알아보고 면접도 보러 다닌다. 여차하면 튈 생각부터 하는 것이다.

셋째, 부정도 아니고 긍정도 아닌 아주 모호한 메시지를 보낸다. 하자는 것도 아니고 그렇다고 반대하는 것도 아닌 어정쩡한 태도를 보이는 사람이 는다. 이런 시기에 태도를 명확히 하는 것이 일신상에 불이익을 가져온다는 사실을 잘 알기 때문이다. 당연히 물에 물 탄 듯 술에 술 탄 듯 미지근하다. 되는 일도 없고 안 되는 일도 없다.

넷째, 비언어적인 신호를 보낸다. 사무실 문을 닫아건다거나, 따로 식사하러 간다거나, 혼자 있는 시간이 많아진다. 사람을 만나면 아무래도 이야기할 기회가 늘어나고 자칫 괜한 오해를 불러일으킬지도 모르기 때문이다. 이럴 때일수록 자신의 존재를 최대한 감추는 것이 도리어 유리하다고 생각하고 조용히 지내려는 것이다.

다섯째, 외부로부터의 반응이 나타나기 시작한다. 고객의 불평이나 다른 조직으로부터의 피드백이 그것이다. 모든 문제는 내부에서 시작된다. 내부 문제가 외부로 전달되기까지는 일정한 시간이 걸린다. 그렇기 때문에 외부 신호는 대개 너무 늦게 오고 이미 손을 쓸 수 있는 단계를 넘어서 있는 경우가 많다. 생산성 감소, 품질 저하, 주문 감소 같은 현상들은 문제가 걷잡을 수 없는 수준의 심각한 상황에서 나타나는 경우가 일반적이다.

커뮤니케이션은 주고받음이다. 사랑, 감정, 정보 등을 잘 주고받으면 건강한 조직이고 그렇지 않은 조직은 죽어가고 있는 것이다. 소통이 이루어지지 않는 가정은 조용하다. 침묵이 흐른다. 마찬가지로 소통이 이루어지지 않는 조직 역시 조용하다. 주고받음이 없기 때문이다.

망해가는 조직은 또한 가식이 난무한다. 실제는 그렇지 않은데도 그런 척 행동하는 사람이 많다. 보아야 할 것은 보지 않고 보고 싶은 것만을 보려 한다. 현장의 문제점을 이야기하기보다는 그랬으면 하는 바람을 마치 실제로 그런 것처럼 보고하는 사람투성이다. 낙관적이지만 비현실적인 이야기로 하루하루를 때우려는 무사안일주의가 팽배하다. 엄연한 현실을 지적하기보다는 상사가 원하는 답을 한다. 그렇기 때문에 진실을 보는 사람들은 이 역겨운 조직을 못 견뎌 하면서 결국 그만두거나 냉소적으로 바뀐다. 하지만 아무도 이에 대해 말하거나 나서지 않는다.

이런 조직은 두 종류의 인간으로 나뉜다. '진실은 무슨 진실! 그냥 한세상 맞춰가며 살겠다'고 결심하는 사람과 '이렇게는 살 수 없다. 제발 현실을 제대로 인식하자'며 문제를 제기하는 사람이다. 그리고 두 집단 사이에 갈등이 첨예하게 일어난다. 서로 번번이 대립하고 미워한다. 이를 방치하면 이 일이 진정 회사를 위한 것인가보다는 그것을 어느 집단에서 제안했느냐에 따라 결정이 왔다 갔다 한다. 서서히 정치집단으로 변질되는 것이다.

솔직한 이야기를 주고받다 보면 얼굴을 붉히는 경우도 생긴다. 듣고 싶지 않은 이야기를 자꾸 끄집어내어 이슈로 삼기 때문이다. 당연히 듣는 입장은 불편할 수밖에 없다. 하지만 그런 조직이야말로 정말로 건강한 조직이다. 얼마나 솔직한 이야기를 주고받을 수 있느냐가 건강한 조직 여부를 가늠하는 커뮤니케이션의 주요한 척도다.

여기서 생각해볼 것들

1. 우리 회사는 회의가 많은가 적은가? 회의 분위기는 어떤가?
2. 회의방식에 대해 얼마나 고민하나?
3. 자유롭고 열린 조직을 만들기 위해 가장 중요한 것은 무엇이라고 생각하는가?

리더의 언어는
가슴을 뛰게 한다

커뮤니케이션의 원리와 실전 전략

기법이
기억을 낳는다

커뮤니케이션은 생각이다

커뮤니케이션은 훈련이다

커뮤니케이션은 비용이다

커뮤니케이션은 정리정돈이다

커뮤니케이션은
생각이다

어떤 생각을 속에 품고 있으면 언젠가는 그 생각을 말로 뱉어내게 되어 있다. '여자는 남자의 부속품이야. 그러니 남자는 절대 설거지나 빨래를 해서는 안 돼'라고 생각하고 있는 남자는 어떤 형태로든지 남성우월적 사고를 표출하기 마련이다. 지금이야 여성파워가 세고 잘못했다가는 몰매를 맞을 분위기라 차마 대놓고 하지는 못하지만, 기회가 생기거나 생각이 같은 동지를 만나면 언제든 거리낌 없이 뱉을 준비가 되어 있다. 일본의 고위 공직자들이 한국을 비하하는 발언을 공공연히 자행하는 것도 같은 이치다. 이들은 평소 한국을 우습게 여긴다. 그러나 워낙 비판이 심하니까 자제하다가도 긴장이 풀리는 순간 본심이 밖으로 튀어나오는 것이다.

말은 단순히 말이 아니다. 말은 그 사람의 생각이고 철학이다. 생각과 철학이 입 밖으로 표현되어 나오는 것이 말이다. 그러므로 커뮤니케이션을 잘하기 위해서는 무엇보다 자신의 생각과 철학을 잘 다듬는 것이 우선이다.

여성의 비중이 높은 한 기업에서 과장 승진자를 대상으로 워크숍을 열었다. 진행 도중 갑자기 여자 과장과 남자 과장 사이에 논란이 벌어졌다. 승진하면서 달라져야 할 역할에 관해 이야기하다가 엉뚱한 방향으로 화제가 번진 것이다.

여자 과장의 주장은 대강 이런 내용이었다.

"똑같이 대학 나와 입사했는데 그동안 남성에 비해 너무 많은 차별 대우를 받았습니다. 특히 승급과 승진에서요. 우리 팀에는 나를 바라보는 여자 후배가 많아 부담이 컸습니다. 이번에도 진급에서 누락되면 어떻게 하나 걱정했는데 다행히 과장이 되었으니 열심히 할 겁니다."

회사 내에서 한두 번 들던 말도 아닌데 그날따라 한 남자 과장이 아주 불만스러운 반응을 보였다.

"진급에서 누락되는 거야 남자도 마찬가지 아닙니까? 모든 면을 고려해서 진급도 시키고 누락도 시키는 거지 특별히 여성이라서 그렇다고는 생각하지 않습니다. 솔직히 회사 입장에서 여자들은 한계가 있잖아요. 우리 회사에서는 오히려 남자들이 역차별을 당합니다. 여자들이 무거운 짐을 들 수 있습니까? 지방출장을 갈 수 있습니까? 업체 사람들과 밤늦게까지 술 먹고 노래방을 갈 수 있습니까?"

그러자 여자 과장은 어떻게 그런 여성비하적인 발언을 할 수 있느냐면서 거세게 따지고 들었다. 그동안 여성으로서 당했던 모든 불만을 한꺼번에 털어놓을 듯한 기세로 나오자 남자 과장이 슬며시 꼬리를 내렸다.

"죄송합니다. 제가 말주변이 없어 오해가 생긴 것 같네요. 그런 의미는 아니었습니다. 그저 그런 면도 있다는 거지요."

직장생활에서 가장 중요한 리더의 역할 중 하나가 피드백이다. 잘못된 일을 시정하게끔 하고 잘한 일에 대해서는 더욱 잘하게끔 하는 것이 피드백이다.

어떤 사람은 잔소리하고 야단치는 것을 피드백으로 생각한다. 관료적인 조직일수록 야단 잘 치는 사람이 피드백을 잘하는 훌륭한 상사라고 생각하는 경향이 있다. 한번 잔소리를 했다 하면 사람을 완전히 초주검을 만드는 사람도 있다. 사람을 세워놓고 2시간 넘게 야단치는 걸 자랑이라고 늘어놓는 사람도 있다. 말이 길어지다 보면 감정이 섞이고, 집안 족보를 들추고, 인격적인 모욕도 서슴지 않는다. 그래 놓고는 잠시 후 위로의 말을 한답시고 이렇게 말한다.

"김 과장. 아까 내가 조금 심하게 얘기한 것 다 이해하라고. 자네가 미워서 그런 건 아니라는 것 알지? 다 자네를 위해서 하는 소리야."
하지만 당사자는 그 말에 더 열받는다. 개도 주인이 자기를 위해서 한 행동인지, 감정에 못 이겨 그랬는지를 본능적으로 안다. 하물며 사람이 그 정도 눈치를 못 채겠는가.

여성비하 발언이 한낱 말실수였다고 얼버무리고 넘어간 그 남성을 보자. 진정으로 여성을 존중하고 있을까? 자신과 동등한 인격체로 생각할까? 인격적인 모독까지 서슴지 않는 상사가 부하직원을 존중하는 사람일까? 남자 과장은 여성이 진급에서 누락되는 것은 늘 제 역할을 못 하기 때문이라는 생각이 뿌리 깊이 박혀 있는 사람이다. 그 상사는 부하직원은 인격이고 뭐고 없는 존재고 오히려 야단을 맞아야 성장한다는 구시대적 패러다임에 빠져 있는 사람이다.

말실수였다느니, 원래 생각은 그렇지 않았는데 잘못 전달되었을 뿐이니 둘러대지만 말실수란 있을 수 없다. 잘못된 생각이 있을 뿐이다. 사람들과 일을 할 때 무엇보다 중요한 것은 내가 저 사람에 대해 어떤 생각을 하고 있느냐다. 말 한마디 않고 눈빛 하나, 표정 하나로 모든 감정과 생각을 전달할 수 있는 게 바로 인간이기 때문이다.

커뮤니케이션은 바로 생각의 표현이며 전달이다. 그렇기 때문에 커뮤니케이션을 하기에 앞서 내가 도대체 무슨 생각을 하고 있는지, 그 생각이 옳은지를 확인하는 절차가 반드시 필요하다.

여기서 생각해볼 것들

1. 주변에 커뮤니케이션과 관련하여 자주 오해를 불러일으키는 사람을 연상해 보자
2. 이유가 무엇이라고 생각하는가?
3. 혹시 생각 자체가 잘못된 것은 아닐까?
4. 반복적인 커뮤니케이션 실수를 줄이기 위해 필요한 일이 있다면?

커뮤니케이션은
훈련이다

태어나면서부터 말을 잘하는 사람은 없다. 물론 언어에 천부적 재능을 보이는 사람이 없지는 않다. 타고난 글솜씨를 가진 사람도 있다. 하지만 작문과 논술이 다르듯이 달변과 커뮤니케이션도 차이가 있다. 커뮤니케이션 능력은 훈련하면 얼마든지 좋아질 수 있다. 문제는 우리가 별다른 훈련 없이 성인이 되고 사회에 발을 내디디는 데 있다.

미국에서 공부할 때의 일이다. 코스는 무사히 마쳤는데 막상 프레젠테이션에서 문제가 생겼다. 한 번도 정식 발표를 해본 경험이 없었던 탓이다. 많은 준비를 했음에도 불구하고 지도교수는 나를 호되게 질책했다. 왜 사람 얼굴을 쳐다보지 않느냐, 자료 글씨가 왜 그렇게 작으냐, 왜 구조화가 되어 있지 않으냐, 그래서 주장하는 바가 뭐냐,

심지어 대학 나온 거 맞냐…. 덕분에 6개월 이상 지도교수 앞에 불려가 발표훈련을 받아야만 했는데 나중에는 내가 생각해도 신기할 정도로 발표에 자신감이 생겼다.

KBS 라디오 생방송 「오늘」에 6개월간 출연한 적이 있다. 〈21세기와 리더십〉이라는 제목으로 일주일에 한 번씩 10분 정도 대담을 하는데, 제목을 정하고 내용을 구상한 후 질문지를 미리 만들어 사회자에게 주고 내가 대답하는 형식이다. 처음으로 방송을 하니 무엇을 어떻게 해야 할지, 6개월 동안 무슨 이야기를 해야 할지 막막했다. 처음 녹음하던 날의 일이다. 나름대로 정리해서 10분 동안 방송을 했는데 작가가 버럭 화를 냈다. "그렇게 재미없게 하면 어떻게 합니까? 재미가 없으면 청취율이 바로 떨어지는데…."

맞는 말이다. 엄숙하고 경건하게 '리더십이란 무엇이다'라고 하는 얘기를 무슨 재미로 듣겠는가? 나는 주변에서 흔히 볼 수 있는 소재를 선정해서 진행하기로 마음먹고 새로이 준비에 들어갔다.

일반 강의나 워크숍과 달리 방송은 꽤 신경이 쓰이는 작업이다. 단한 번의 실수도 용납되지 않는다. 그래서 매번 준비할 때마다 여간 스트레스를 받는 게 아니다. 우선 제목을 생각하고 그 제목에 대해 치열하게 생각해야 했다. 그다음 어떻게 부드럽게 말문을 열 것인지, 중간에 어떤 주장을 펼치고 거기에 맞는 사례는 어떤 것을 사용할지, 어떤 유머를 인용해 재미를 더할 것인지, 마무리는 어떻게 할 것인지 등을 일일이 고심했다. 주어진 시간은 10분에 불과하지만 이 10분을 위해

나는 몇 시간이고 머리에서 열이 날 정도로 생각에 생각을 거듭했다.

그런데 흥미로운 것은 방송을 끝내고 같은 소재로 글을 쓰면 글이 쉽게 써진다는 점이다. 이미 머릿속에서 1차 정리를 끝내고 다시 말로 2차 정리를 끝냈기 때문에 글로 옮기는 데 별 어려움이 없었던 것이다.

말하기와 글쓰기의 중요성은 아무리 강조해도 지나치지 않다. 아무리 많은 지식을 가지고 있어도 말하기와 글쓰기가 뒷받침되지 않으면 효과가 없다. 말하기와 글쓰기는 커뮤니케이션의 기능 외에 또 다른 기능이 있다. 다름 아닌 '생각의 정리정돈'이다.

인간은 하루에도 오만 가지가 넘는 생각을 한다. 하지만 막상 전달하려면 횡설수설하고, 중언부언하고, 앞뒤가 연결이 안 되고, 핵심이 빠져 있고, 도대체 무슨 주장을 하는지 헷갈린다. 커뮤니케이션 능력은 개인의 평가에도 결정적인 역할을 한다. 이 능력이 뒷받침되지 않으면 특히 조직에서는 절대 위로 올라갈 수 없다. 따라서 젊은 시절에 철저히 훈련해두어야 한다. 생각을 자꾸 말로 해보고 다시 글로 옮겨보는 것은 아주 좋은 커뮤니케이션 훈련이 된다.

여러분도 누군가에게 자기 생각을 이야기하는 동안 자기도 모르게 서서히 생각이 정리되어가는 것을 느껴본 적이 있을 것이다. 그것을 글로 옮기면 다시 한번 정리가 된다. 정리가 안 된 생각은 글로 옮길 수 없기 때문이다. 그래서 짧은 글이 긴 글보다 훨씬 어렵다. 미국의 저널리스트 윌리엄 진서는 『글쓰기 생각 쓰기On Writing Well』라는 책에서 다음과 같이 주장한다.

"사람들은 간결한 문체는 단순한 사고를 뜻한다는 편견에 사로잡혀 있다. 그러나 단순한 문체는 부단한 연구와 사고의 결과물이다. 애매한 문체는 게으른 나머지 자기 생각을 체계적으로 정리하지 못한 사람의 것이다."

짧은 글을 쓸 시간이 없는 사람이 긴 글을 쓰는 것이다.

빌 게이츠도 다음과 같이 이야기한다.

"책 한 권을 쓰고 나자 책을 쓰는 사람들이 너무나 존경스럽게 느껴졌다. 전기나 기록 같은 논픽션을 쓰다 보면 여러 문제에 대해 절제된 방식으로 깊이 생각해보지 않을 수가 없다. 책을 쓰는 일은 누구에게나 생각을 정리할 수 있는 좋은 기회다. 이런 작업을 통해 사람들은 드러나지 않았던 틈새나 모순을 찾음으로써 더 많은 생각을 할 수 있는 자극을 받을 것이다."

젊은 시절부터 훈련해야 할 분야가 바로 커뮤니케이션이다. 당신이 "똑같은 내용도 저 사람이 말하면 알아듣기 쉽고 재미있다"는 소리를 들을 수 있다면 이미 성공의 반열에 올라선 것이나 다름없다.

> **여기서 생각해볼 것들**
>
> 1. 스스로 커뮤니케이션에서의 강점과 약점을 생각해보라.
> 2. 생방송에 나가 10분 동안 어떤 이슈에 관해 이야기한다고 가정하라.
> 3. 그 이슈에 대해 정보를 모으고 생각도 깊게 하라.
> 4. 마이크 앞이라고 생각하고 10분 동안 이야기를 해보라.
> 5. 상대의 반응이 어떨지, 스스로는 어떻게 평가하는지 자문해보라.

재미있고 쉽게 말하는 법

제가 말을 하면 사람들은 지루해합니다. 사람들 앞에서 재미있게 말하는 사람이 되려면 어떤 노력을 기울여야 하나요?

쉽지 않은 일입니다. 또 굳이 그렇게 할 필요가 있을까요? 재미있다는 것은 타고난 성격일 경우가 많습니다. 재미없는 사람이 의식적으로 사람들을 재미있게 하려는 것 자체가 안쓰러워 보일 수도 있습니다. 또 자신에게도 큰 스트레스입니다. 어느 모로 보나 노력에 비해 얻는 것이 적지요.

그보다는 생긴 대로 사는 것이 더 중요합니다. 자신만의 장점을 살리려는 노력이 더 중요하다는 말입니다. 재미는 없지만 진실한 것, 이야기가 어눌해도 잘 들어주는 것, 말 한마디를 해도 촌철살인하듯 하는 것…. 이런 것에 에너지를 집중하면 더 좋은 효과가 나타날 것입니다.

제 말이 좀 어렵다고들 합니다. 사람들이 알아듣기 쉽게 하려면 어떻게 하면 될까요? 재미있게 말하는 것과는 좀 다를 것 같은데요.

어렵게 말하는 이유를 한번 생각해보지요. 어렵게 말하는 가장 큰 이유는 자신이 잘 모르기 때문일 경우가 허다합니다. 제일 먼저 할 일은 말하고자 하는 내용을 철저히 따져보고 완벽하게 이해하는 것입니다. 목적은 무엇인지, 배경은, 그래서 주장하고 싶은 것은, 예상되는 질문은…. 확신이 서지 않는 내용을 말할 때도 말이 꼬입니다. 정말 이 말이 필요한 말인지, 해도 좋은 말인지를 잘 모를 때도 비슷한 현상이 일어납니다.

확실하게 이해한 다음에는 이를 어떻게 전달할지 생각해보는 것이 좋습니다. 가장 좋은 것은 비유를 사용하는 것입니다. 이야기 식으로 풀어보는 것도 방법입니다. 이야기를 쉽게 하는 사람들을 관찰하여 특징을 파악하는 것도 좋은 방법입니다. 커뮤니케이션에는 왕도가 없습니다. 반성하고 관찰하고 시험해보고, 또 반성하고 훈련하는 것이지요.

커뮤니케이션은
비용이다

정보는 곧 재산이고 돈이다. 정보가 잘 흐르는 조직은 성공하고 정보의 흐름이 막힌 조직은 실패한다.

커뮤니케이션은 비용이다. 성공적인 조직은 커뮤니케이션 비용이 적게 들고 원시적인 조직은 커뮤니케이션에 큰 비용이 소요된다.

똑같은 사실을 100명에게 알리는 데 버튼 하나로 되는 조직과 일일이 만나 구두로 전달하는 조직의 비용 차이를 떠올려보라. 모든 직원이 비전을 공유하는 조직과 각자 생각이 다른 조직의 생산성이 어떠하겠는가? 조직 내에서 커뮤니케이션이 제대로 이루어지지 않으면 그 결과는 모두 비용 증가로 이어진다.

서로 다른 두 부서가 동일한 설비를 겹치기로 발주한 회사가 있다.

다른 부서가 이 설비를 발주했는지 한 번만 확인했어도 피할 수 있는 일이었다. 현장에서의 불량 문제가 위로 보고되지 않아 대형 사고로 이어진 회사도 있다. 이 때문에 몇십억의 손해를 보았다. 위와 아래의 소통이 막혀 있어 발생한 문제다.

조직이 복잡해도 비용이 발생한다. 누가 결정하고 누가 책임을 져야 하는지, 어떤 사람의 양해를 구하고, 누구와 협조를 해야 하는지 알기 어렵다면 일을 진행하는 데 시간과 에너지가 많이 든다. 직급이 높은 사람의 명확하지 않은 말도 비용을 증가시킨다. 하라는 이야기인지, 말라는 이야기인지, 알고나 있으라는 것인지 구분하기 어렵기 때문에 사람들은 고민한다. 정확한 의중을 알아보기 위해 괜한 짓을 벌이고 그러는 동안 당연히 실행은 뒷전이 된다.

이런 문제를 해결하기 위해서는,

첫째, 커뮤니케이션은 비용이라는 인식을 모두가 분명히 해야 한다. 그러기 위해서 커뮤니케이션을 돈으로 환산해볼 필요가 있다. 임원 10명이 참석하여 2시간 동안 회의를 한다고 치자. 10명 각각의 연봉 얼마, 시간당 비용 얼마, 총합계 얼마 하는 식으로 계산할 수 있을 것이다. 참여 인원이 많을수록, 참여한 사람의 연봉이 높을수록 비용은 올라간다. 전 직원을 불러놓고 조회를 해도 비용으로 환산할 수 있다. 사장이 조회에서 하품 나는 말이나 엉뚱한 이야기를 늘어놓고 있다면, 사람들 사이의 갈등을 증폭시키는 행위나 하고 있다면 이는 돈을 허공에 뿌리는 것과 같다.

둘째, 개인의 문제를 살펴보아야 한다. 어느 조직이나 사람들이 소통하기를 꺼리는 인물이 있다. 경청하지 않거나, 횡설수설하거나 혼자서 말을 독점하거나 등등의 이유로 말이다. 그런 사람에게는 정보가 가지 않는다. 그 사람 때문에 정보가 차단되는 것이다. 자연 업무의 공백이 생긴다. 업무의 공백도 당연히 비용으로 전가된다. 따라서 직급이 높은 사람의 커뮤니케이션에 문제가 있다면 그 조직에는 치명적이다. 사장이 커뮤니케이션에 문제가 있다면 그 회사의 미래는 뻔하다. 대통령이 말실수를 하면 그 비용은 수백억 아니 그 이상의 셀 수 없는 국가적 손실을 초래한다. 이런 사람은 조직의 지뢰 같은 존재다.

셋째, 조직상의 문제가 없는지 점검한다. 많은 경우 커뮤니케이션의 혼선은 복잡한 조직 때문에 발생한다. 직급체계가 9단계 정도 되는 조직이 대개 그런 경향을 많이 보여준다. 도대체 누가 일을 하고 누가 책임을 지는지 모호하다. 업무가 너무 잘게 나누어져 있어도 문제는 발생한다. 보고체계는 되도록 단순화하고 책임과 권한이 명확한 조직을 만들어야 한다. 척 보아서 누가 일을 하는 사람인지, 누가 결정을 하는지, 누구에게 보고를 하는지, 누가 책임을 지는지를 알 수가 있어야 한다.

넷째, 상황과 사람과 시간에 맞는 커뮤니케이션 도구를 활용해야 한다. 커뮤니케이션 통로는 여러 가지로 나눌 수 있다. 우선 얼굴과 얼굴을 맞대고 이야기할 것이냐, 아니면 보지 않고 할 것이냐가 있다. 이메일도 있고 전화나 문자메시지도 있다. 반면 반드시 얼굴을 맞대고 해야만 하는 어젠다가 있다. 개인에 대한 평가나 피드백, 위로나 충고, 코칭 같은 것은 직접 얼굴을 보면서 이야기하는 것이 낫다. 중요한 지시도 얼굴을 보는 것이 좋다. 편한 시간을 물어보는 것, 필요한 정보 제공 등은 이메일로도 충분하다. 어떤 어젠다에 대해 생각할 시간을 주는 것도 이메일이 편하다. 먼저 생각한 후 미팅을 하면 효과적으로 진행할 수 있기 때문이다. 회의 중에 누가 왔다는 전갈, 강의 확인 같으면 문자메시지로도 족하다.

다섯째, 소통하려는 마인드가 있는지가 중요하다. 부부가 싸움을 하면 그 집안은 침묵이 흐른다. 서로 이야기를 피하기 때문이다. 회사에서 두 부서장 사이가 좋지 않다면 두 부서 사이에 업무의 공백이 생긴다. 반드시 해야 할 이야기를 하지 않고 전달해야 할 정보를 전달하지 않음으로써 비용이 발생한다. 만일 이런 일이 정부 부처 간에 일어난다면 그 손실은 이루 말할 수도 없을 것이다.

여섯째, 커뮤니케이션 전문가 혹은 담당 조직이 필요하다. 조직은 필요에 의해 만들어진다. 재무나 회계부서가 없는 조직은 없다. 영업조직이 없는 회사도 없다. 조직의 생존에 필수라고 생각하기 때문이다. 그런데 기업들 가운데 별도의 커뮤니케이션 조직을 갖추고 있는 곳은 찾아보기 힘들다. 있어도 그만, 없어도 그만이라고 생각하기 때문이다. 자문이나 컨설팅도 받지 않는다. 상품전략이나 물류에 대한 조언은 받지만 커뮤니케이션에 대해서는 문제점은 알아도 별다른 조처를 하지 않는다. 커뮤니케이션이 취약할 수밖에 없다. 커뮤니케이션은 곧 비용이다. 별도의 조직을 신설하든지 주기적으로 외부 전

문가의 도움을 받아 현 상태를 진단하고 처방을 받아야 한다. 그래서
아무도 모르게 줄줄 새어나가는 비용을 줄여야 한다.

  기업의 워크숍에서 "여러분 조직의 가장 큰 문제점은 무엇입니
까?"라고 물으면 늘 5등 안에 드는 것이 '커뮤니케이션, 부서 간 장벽'
의 문제다. 당연하다. 그만큼 중요하기 때문이다. 그런데도 이 문제
는 해결은커녕 공전을 거듭한다. 중요하다는 걸 알지만 실천은 매우
어렵기 때문이다.
  우리가 일차적으로 할 일은 구체적으로 어느 부분에서 정보의 흐
름이 차단되는지 혹은 왜곡되고 있는지를 제대로 진단하는 것이다.
명심하자. 커뮤니케이션은 비용이다.

여기서 생각해볼 것들

1. 우리 조직이 커뮤니케이션에 사용하는 비용은 얼마나 될까?
2. 비용대비 효과는 어떠할까?
3. 잘하고 있는 부분은 무엇이고 개선할 부분은 어디일까?
4. 커뮤니케이션 비용을 줄이기 위해서는 어떻게 해야 할까?
5. 조직의 이상적인 커뮤니케이션 상태는 어떠한 것일까?

부서장 회의가 잘 돌아가게 하려면

회사 내 업무 중복을 피하기 위한 가장 좋은 방법은 부서장 회의의 효율적 운영이라고 생각합니다. 그런데 저희 회사는 도대체 부서장 회의가 잘 돌아가지 않습니다. 어떻게 하면 좋을까요?

많은 조직들이 마찬가지 생각을 하고 있습니다. 필요 없는 회의를 없애야 한다거나 비효율적으로 회의를 운영해서는 안 된다고 생각합니다. 하지만 정작 중요한, 문제를 해결하겠다는 강한 의지는 보이지 않습니다. 왜 그럴까요? 커뮤니케이션이 비용이라는 생각을 못 하기 때문입니다. 사실 이것은 당사자들만의 문제는 아닙니다. 그라운드에서 열심히 뛰는 선수가 객관적으로 문제점을 바라보기가 어려운 것과 같은 이치입니다. 막연히 게임이 잘 풀리지 않는다고 생각하는 정도지요. 그래서 감독이 필요한 겁니다. 그는 스탠드 위에 서 있기 때문에 게임의 흐름을 정확하고 냉정하게 읽을 수 있습니다.

효율적인 회의를 위해서는 외부 전문가를 모시는 것이 가장 실질적입니다. 그의 진단을 받고 처방을 받는 겁니다. 중은 제 머리를 깎지 못합니다.

직원들이 저(부장)한테는 숨기고 자기네들끼리만 공유하는 뭔가가 있는 것 같습니다. 분명 회사 일인 것 같은데 도무지 말을 하지 않습니다. 어느 한 사람을 몰래 불러 캐볼까도 생각했지만 좋은 방법이 아닌 것 같아 궁금증만 키우고 있습니다. 그냥 이렇게 있어야 하는 건지요?

글쎄요. 그것을 굳이 알 필요가 있을까요? 안다고 달라지는 것이 있을까요? 사람들은 직급에 따라, 성별에 따라, 나이에 따라 느끼고 생각하는 것이 다 다릅니다. 아무리 부장이 허물없이 직원을 대한다 해도 부장은 부장입니다. 직원들끼리 공유할 수밖에 없는 정보, 소문, 느낌이 있는 것이지요. 그것을 어떻게 부장에게 이야기합니까?

사실 소문이나 눈치 등에 민감한 사람은 자신감이 결여된 사람입니다. 늘 자신이 뭔가 부족하다고 생각하면 그런 것에 귀를 기울일 수밖에 없게 되죠. 이럴 때 가장 좋은 방법은 역시 자신감을 회복하는 것입니다. 직원 한 사람 한 사람을 진심으로 대하고 그들과 신뢰관계를 유지하는 것입니다. 그리고 나머지 것은 내버려두는 겁니다. 소문은 만질수록 커집니다. 관심을 갖지 않는 순간 소문은 사라집니다.

커뮤니케이션은
정리정돈이다

조직 내 커뮤니케이션에 결정적인 역할을 할 수 있는 사람은 다름 아닌 CEO다. CEO가 어떤 사람이냐에 따라 잘되기도 하고 꽉 막히기도 한다. CEO가 경청하지 않고 혼자서 말을 독점한다면 조직 내의 그 누구도 입을 열지 않을 것이다. 당연히 이런 조직은 사장 한 사람만 주연이고 나머지는 조연으로 전락하게 될 것이다. 좋은 정보도 올라오지 않고 직원들의 사기는 떨어질 것이다.

아무런 기준과 제재 없이 마음대로 떠드는 것도 문제가 된다. 자유게시판은 말도 안 되는 제안이나 악플들로 도배될 것이다. 회의실이 도떼기시장으로 바뀔 수도 있다. 프로세스가 있고, 기준이 있고, 일정한 형식을 갖춘 상태에서 자유롭게 이야기할 수 있게끔 만드는 것이 필요하다.

그렇기 때문에 CEO는 커뮤니케이션과 관련해서 항상 관심과 주의를 기울이지 않을 수 없다. 스스로는 물론이고 직원들의 원활한 커뮤니케이션을 위해 문제가 되는 것은 없는지 항시 확인하고 이끌어야 한다. 무엇보다 효율적인 회의 진행을 위해 애쓰고 회의의 장애 요인을 적시에 제거할 수 있어야 한다. 사람들의 말문을 열고 또 정리정돈을 잘할 수 있어야 한다.

대치동의 유명 학원인 DYB 최선어학원 송오현 원장은 탁월한 커뮤니케이션 능력의 소유자다. 그가 운영하는 학원은 웬만한 중소기업을 뛰어넘는 규모다. 8개 분원에 학생 수만 8,000명이 넘는다. 더욱이 학원 선생들의 사기가 대단하다. 이 학원이 이렇게 활기차게 움직이는 원동력의 하나가 바로 주기적인 커뮤니케이션이다. 언젠가 이 학원에서 〈리더의 역할〉이라는 주제로 워크숍을 개최했다. 준비 과정을 지켜보면서 나는 송 원장이 리더가 어찌해야 한다는 것을 아주 잘 보여주는 사례임을 눈으로 확인할 수 있었다.

첫째, 목적을 명확히 한다. 회의든 워크숍이든 목적을 명확히 하는 것이 제일 중요하다. 참여하는 모든 이들이 왜 시간을 들여 이런 일을 하는지를 분명하게 인식하고 있어야 한다. 목적이 명확하지 않으면 끝나고 나서 사람들은 이런 생각을 한다. '아니, 고작 이런 일을 하려고 바쁜 사람을 몇 시간씩이나 잡아두었단 말이야?' 또는 '왜 이런 회의가 필요한 거지? 그래서 뭘 어떻게 하자는 거야?' 그러면 결과는 뻔하다. 귀중한 시간과 돈의 낭비에다 공연히 사람들의 불평불만만 사게 되고 이런 일이 반복되면 조직의 분위기는 한없이 추락한다. 현안을 공유하자는 차원인지, 새로운 사업전략에 대해 아이디어를 내자는 것인지, 오랜만에 모여 친목을 다지자는 것인지 목적을 분명히 하라.

송 원장의 경우는 직급별 역할에 대한 정확한 이해를 심어주자는 것이 목적이었다. 원장, 부원장, 팀장이 있긴 한데 역할 간 충돌, 이해 부족 등으로 효과적으로 일을 처리하지 못하고 있다고 보고 이번 워크숍에서 각자의 역할에 대해 명확한 그림을 그려보자는 것이었다.

둘째, 사전준비다. 회의나 워크숍은 물론 야유회조차도 사전준비는 꼭 필요하다. 그런데 우선 모이고 보자는 식으로 일을 진행하는 조직이 있다. 주최하는 사람도 참석하는 사람도 별다른 정보 없이 모인다. 당연히 고민의 흔적이라곤 찾아보기 어렵다. 그러니 이야기가 겉돌 수밖에 없다.

효과적으로 회의가 진행되기 위해서는 회의 자체보다는 회의 전에 많은 것들이 준비되어 있어야 한다. 읽을 것, 고민할 것, 사전에 의견 조율할 것 등등. 그렇게 해야 회의가 우아하고도 의미 있게 이루어질 수 있다. 일본 사람들은 이를 사전논의(네마와시, 根回)라고 한다. 사전에 회의 주관자 혹은 대리인이 일일이 만나거나 전화해서 각자 준비할 것, 고민할 것이 무엇인지 알리고 갈등이 있을 만한 이슈나 이해가 엇갈리는 어젠다에 대해서는 관련 당사자의 양해를 구함으로써 원만한 조율과 합의에 이르게 한다. 사실 본회의보다 더 중요한 것이 회의 전 준비다.

최선어학원의 경우는 먼저 참석자 모두에게 관련서를 읽게 하고 각자의 역할이 무엇인지에 대해 생각해보도록 했다. 사전에 팀을 나누고 팀장들에게는 토의할 어젠다를 미리 알려주었다. 또 어떤 식으로 회의를 진행할지도 공지했다. 책을 읽은 사람들은 대강 무슨 이야기를 해야 할지 알고 나름대로 준비하게 된다. 그 결과, 활발하고도 생산적인 논의의 장을 열 수 있었다.

셋째, 진행자의 역할이다. 대화도 그렇고 회의도 그렇고 오락도 그렇다. 가장 중요한 것은 진행하는 사람의 스킬과 역량이다.

우선 분위기를 부드럽게 만들어 사람들의 말문을 열게 할 수 있어야 한다. 골고루 이야기를 할 수 있게 배려하고 주제에서 벗어나는 경우 적절히 제재도 가할 줄 알아야 한다. 중간중간 정리정돈을 해줌으로써 이야기의 흐름이 어떤 방향으로 가고 있는지, 알고 넘어가야 할 것은 무엇인지, 또한 그때까지 결정된 사항은 무엇인지 사람들에게 확인해주어야 한다. 좀 지루하다 싶을 때는 재미있는 이야기도 들려주고, 한 사람이 장황하게 떠들면 부드럽게 다른 사람에게 차례를 넘기는 센스도 발휘해야 한다. 동일한 주제를 놓고 소그룹으로 나누어 논의하는 경우에도 누가 진행하느냐에 따라 분위기가 크게 달라진다. 결과 역시 다르게 나온다.

진행자를 일명 퍼실리테이터(facilitator)라고도 부른다. 결론을 내리지는 않지만 부드럽게 이끄는 역할을 한다. 송 원장은 탁월한 퍼실리테이터다. 구호 같은 것을 만들어 전체가 함께 외치게 하기도 한다.

사람들을 한 곳으로 집중하도록 하려는 것이다. 하루의 회의 일정이 어떻게 되는지, 세션별로 무엇을 논의해야 하고 어떻게 발표해야 하는지도 이야기한다. 그의 말은 머릿속에 쏙쏙 들어온다.

넷째, 정리정돈과 마무리를 잘해야 한다. 조직 내의 커뮤니케이션은 잡담과는 차이가 있어야 한다.

커뮤니케이션에서 중요한 것 중의 하나가 바로 논의된 것들에 대한 마무리다. 좋은 강의는 마무리가 확실하다. 워크숍도 그렇고 회의도 그렇다. 논의된 것은 어떤 것인지, 그래서 결정된 것은 무엇이고 이를 어떻게 실행해야 하는지를 상기할 수 있도록 마지막으로 요약 정돈해주어야 한다. 마지막이 좋으면 모든 것이 좋듯이 회의가 다소 지루하고 비생산적이었다 해도 마무리가 좋으면 사람들은 이를 생산적인 회의로 기억한다. 회의록을 즉석에서 써서 프로젝터로 보여주면서 시정할 내용이 없는지 물어보는 것도 마무리의 한 방법이다.

여기서 생각해볼 것들

1. 나는 리더로서 회의 진행을 잘하는 편인가?
2. 부족하거나 고쳐야 할 점은 없는가?

탁월한 퍼실리테이터의 조건

저는 팀미팅을 한다고 하면 머리부터 아파집니다. 팀장님의 회의 진행 방식이 종잡을 수가 없거든요. 팀장님도 오래전부터 이 문제를 알고 있는 것 같은데 별로 달라진 건 없습니다.

퍼실리테이터는 어떤 역할을 말하는 건가요? 조금 더 구체적으로 말씀해주세요. 참고할 만한 책이나 프로그램도 알려주세요.

리더에게 요구되는 가장 중요한 역할 중의 하나가 바로 퍼실리테이터입니다. 자신이 직접 말을 하기보다는 사람들이 말을 할 수 있게끔 멍석을 깔아주고 분위기를 만들어주는 것이지요. 그렇다고 아무 이야기를 아무렇게나 해서는 안 됩니다. 일정한 주제를 갖고 정해진 틀 안에서 논의를 진행할 수 있게 해야 합니다. 틀을 벗어날 경우에는 다시 틀 안으로 들어오도록 유도해야 합니다.

그러려면 우선 내공이 높아야겠지요. 전체를 꿰뚫어 보는 혜안이 있어야 합니다. 사전준비가 철저해야 하는 것은 물론이고요. 미팅 전에 어젠다를 명확히 하고, 어젠다별로 각자가 준비할 것은 미리 공지

하고, 준비상황도 세밀하게 점검할 필요가 있습니다. 또 어떻게 분위기를 부드럽게 할지, 오프닝은 어떻게 할지도 미리 구상해두어야 합니다. 아이디어가 없어 사람들이 아무 말도 하지 않을 경우를 대비해 자신이 먼저 아이디어를 내놓는 것도 방법입니다. 요즘은 드물지만 예전에 펌프를 사용할 때 마중물을 부어 펌프를 작동시키지 않습니까? 회의도 마찬가지입니다.

가장 중요한 것은 마지막 정리정돈(wrap-up)입니다. 가장 어렵지만 반드시 해야만 하는 일이지요. 오늘 논의된 것은 어떤 것이고, 그래서 결정된 것은 어떤 것이며, 각자 해야 할 일은 무엇이라는 점을 마지막으로 정리해서 알려주는 것입니다.

퍼실리테이터에 관한 것은 책보다는 전문 퍼실리테이터를 초청하여 직접 도움을 받는 것이 낫습니다. 그리고 실제 미팅에 이를 적용하면서 피드백을 주고받는 것이 효과적입니다. 또 돌아가면서 퍼실리테이터 역할을 맡는 것도 좋은 방법이 되겠지요.

환경을
조성하라

때와 장소를
가려라

전략적인 이슈에 대해 회의를 한다면 언제 하는 것이 좋을까? 막 퇴근하려는데 회사의 장기전략에 관해 이야기를 나누자고 한다면? 점심시간이 다 되어 시장한데 회의가 지루하게 계속되고 있다면?

전략적인 이슈는 가능하면 오전에 논의하는 것이 좋다. 이런 이슈는 머리가 맑을 때 해치우는 것이 효과적이기 때문이다. 반면 야유회를 어디로 갈지, 가서 무엇을 할 것인지에 대한 협의는 오후에 하는 편이 좋을 것이다. 머리도 띵하고 나른할 때 잠시 머리를 식힐 겸 이야기를 나눈다면 모두가 좋아하지 않을까. 이처럼 커뮤니케이션에서 때와 장소가 차지하는 비중은 의외로 크다. 아니 어떤 면에서는 이슈보다 중요한 것이 때와 장소일 수도 있다.

때와 장소의 중요성에 관해서는 글로벌기업 로레알로부터 배울 점이 많다. 이 회사는 매니저 교육을 할 때 교육 장소 선정에 많은 신경을 쓴다. 사방이 꽉 막힌 호텔은 가능하면 피하고 대신 자연경관이 좋은 곳을 택한다. 교육 내용보다 더 중요한 것은 매니저들이 허심탄회하게 의견을 교환하고 몸과 마음을 재충전하는 것이라고 생각하기 때문이다. 일단 자연경관이 수려한 곳에 오는 순간부터 사람들은 감동하게 되고 그런 만큼 교육의 효과가 뛰어나다.

서울 근교에 있는 어느 기업을 컨설팅할 때의 일이다. 함께 일하는 파트너가 있었다. 평소에는 일상에 떠밀려 그럭저럭 지내오던 터였고 별도의 미팅 시간조차 갖기가 쉽지 않았는데 함께 차를 타고 가면서 참으로 많은 이야기를 나눌 수 있었다. 운전이 주는 매력 때문이었을까, 누가 먼저랄 것도 없이 자연스럽게 말문이 열렸고 가슴속에 담아둔 이야기까지 서슴없이 털어놓게 되었다. 맞벌이 부부로서 겪는 애로사항, 애를 돌보아주시는 부모님이 자식으로서 죄스럽고 고맙다는 이야기, 장인 장모를 잘 보살펴주는 남편에 대한 고마움, 아이들에 대한 기대와 우려…. 보통 때 같으면 꺼내기 어려운 개인적인 사연이 오가면서 파트너를 전보다 더 잘 이해할 수 있었다. 그렇다고 사적인 이야기만 한 것은 아니다. 사장에 관한 생각, 여러 임원에 대한 평가, 현재 안고 있는 문제점에 대한 고민, 앞으로의 전략 등 1시간 남짓한 시간이었지만 지루한 줄 모르고 이야기를 주고받았다. 마음이 통해서였을까, 그날 컨설팅은 성공적으로 진행되었다.

만일 이런 이야기를 별도의 사무실에서 어젠다별로 이야기했더라면 어땠을까? 애초부터 사적인 이야기는 나오지 않았을 것이고 원활한 커뮤니케이션이 이루어지기는 힘들었을 것이다.

격무에 시달리다 집에 돌아오면 입도 떼기 싫은 경우가 종종 있다. 너무 많은 사람을 만나 너무 많은 이야기를 들은 탓에 체력이 소진되었기 때문이다. 그럴 때면 집사람은 눈치를 채고 아예 말을 걸어오지 않는다. 대신 컨디션이 좋아지기를 기다린다. 밥을 챙겨주고 산책을 함께하면서 가볍게 말을 꺼낸다. 그러면 나도 모르게 술술 말문이 열리곤 한다. 특별히 정해놓은 주제가 있는 것도 아니다. 미국에 가 있는 딸과 나눈 이야기, 큰딸애의 대학생활 이야기, 예전에 알고 지내던 이웃이며 시어머니와 장모님 이야기, 처남들 이야기를 한다. 무엇보다 이런 이야기들에는 내용과 관계없이 삶의 달콤함이 배어 있다. 그러다가 아내가 요즘 심정을 고백하면 나도 깊숙이 숨겨두었던 속내를 꺼낸다. 자연스럽게 갈등이 해소되기도 하고, 새로운 결심을 하거나 중요한 결정을 내리기도 한다. 우리 집의 많은 결정들은 이렇게 산책을 하면서 내려졌다.

이상한 버릇을 가진 직원이 있었다. 평소에는 말 한마디 없다가도 회식 때 술이 좀 취하면 옆에 찰싹 붙어서 온갖 제안을 해대는 것이다. "이사님, 우리 조직에 이런 문제가 있거든요, 이런 전략을 사용하면 어떨까요? 이런 제안에 대해서는 어떻게 생각하세요?…". 둘만의 시간도 아니고 10명이 넘는 직원들과 술을 먹는데 이런 이야기를 들으면 곤혹스럽기 짝이 없다. 그러면 나는 이렇게 이야기한다. "좋아, 좋은데 내일 오전 맑은 정신에 다시 얘기하자고. 지금 그런 이야기를 하면 다른 사람하고 이야기도 못 하고 분위기가 너무 썰렁하지 않겠나?" 하지만 그 직원이 정식으로 내 사무실을 찾아온 적은 한 번도 없었다.

회식은 먹고 마시는 자리이기에 앞서 중요한 커뮤니케이션의 장소이기도 하다. 평소에 하지 못한 이야기를 하고 또 들을 수 있다. 그래서 일본 사람들은 '노뮤니케이션'이란 말을 지어냈다. '마신다'는 것을 일본어로 '노무(飮む)'라고 한다. 마시면서 소통한다, 즉 일과 후에 가볍게 맥주 한잔하면서 하루 일을 정리하고 내일 일을 계획한다는 말이다.

똑같은 이야기도 어떤 장소에서 어느 시간대에 하느냐에 따라 품질과 영향력이 달라진다. 사방이 꽉 막힌 회의실에서 솔직한 심정이나 섭섭한 마음, 앞으로의 개인적인 계획 같은 것들을 이야기하기란 결코 쉽지 않지만, 새마을호 식당칸에서 커피 한잔하면서 이야기를 나눈다면 술술 풀릴 것이다. 어쩌면 흉금을 터놓고 이야기를 나누는 사이에 의외의 성과를 거둘 수도 있다. 그렇기 때문에 늘 어떤 어젠다를 어떤 장소에서 어느 시간대에 풀어놓는 것이 효과적인가를 생각해야 한다.

무슨 말을 하느냐 만큼 중요한 것이 어떻게 하느냐이다. 어떻게 하느냐 만큼 중요한 것은 언제, 어디서, 상황에 맞는 말을 하느냐이다.

지혜란 다른 것이 아니다. 때와 장소, 시기를 구분하여 거기에 맞는 말을 할 줄 아는 것이다. 해야 할 말과 하지 말아야 할 말을 구분하는 것, 나설 때와 나서지 않을 때를 판단하는 것, 맞는 농담과 사례를 사용할 줄 아는 것이 바로 커뮤니케이션의 지혜다.

여기서 생각해볼 것들

1. 커뮤니케이션이 유난히 잘되었던 경우를 생각해보라. 장소와 때가 어떤 영향을 미쳤는가?
2. 커뮤니케이션이 이상하게 안 되고 힘들었던 경험도 떠올려보라. 당시의 장소와 때는 어땠는가?
3. 이슈별로 커뮤니케이션하기에 좋은 장소와 시간대는?
4. 그동안 활용하지 않았던 커뮤니케이션 장소가 있다면?(예를 들어 출장길, 상가 등)
5. 나와 커뮤니케이션이 부족했던 사람을 생각해보고 그와 커뮤니케이션하기에 알맞은 장소와 때를 연결해본다면?

커뮤니케이션과
비언어적 요소

흔히 쓰는 말 중에 '말이면 다냐?'라는 표현이 있다. 말이 다가 아니라는 말이다. '아 다르고 어 다르다'라는 말도 있다. 같은 말이지만 어떻게 이야기하느냐에 따라 전혀 다른 의미가 된다는 것이다. 또 '말하지 않아도 안다'는 말은 눈빛에서, 태도에서 이미 상대의 의도를 알 때 쓰는 말이다.

커뮤니케이션에 관한 가장 큰 오해는 말 잘하는 사람이 커뮤니케이션을 잘한다는 것이다. 하지만 절대 그렇지 않다. 동양권에서 말 잘하는 사람은 그다지 좋은 대접을 받지 못한다. 오히려 '말만 번지르르하다'라거나 '말만 잘하면 뭐 하냐'는 비아냥을 듣기 십상이다.

노자는 대변약눌(大辯若訥)이라고 했다. '정말로 말을 잘하는 사람은 약간 어눌하게 보인다'는 의미인데, 말보다는 다른 것이 소통에 더 중요하다는 것이다.

$$Communication = f(Verbal\ 7 + Vocal\ 38 + Facial\ 55)$$

커뮤니케이션에서 가장 유명한 메라비언(Mehrabian) 공식이다. 이 공식에 따르면 커뮤니케이션에서 말이 차지하는 비중은 10%가 넘지 않는다. 그보다는 목소리, 표정과 태도가 더 큰 비중을 차지한다. 뻐딱한 자세, 거만한 목소리, 찌푸린 얼굴은 그 자체로 소통을 가로막는다. 이런 사람이 아무리 진실이 어떻고, 자신이 얼마나 괜찮은 사람인지 목청 높여 이야기한들 이미 태도 자체가 어떤 사람이라는 것을 대변하고 있기 때문에 그 사람의 말은 먹혀들지 않는다.

커뮤니케이션의 어원은 라틴어로 '나눈다'라는 뜻을 가진 'communicare'이다. 어떤 사실이나 정보, 느낌을 타인에게 전하고 알리는 과정이 커뮤니케이션이다. 그런 의미에서 최고의 커뮤니케이션은 이심전심이고 염화시중의 미소다. 마음과 마음이 통하고 굳이 말하지 않아도 상대의 마음을 읽는다. 콤비가 잘 맞는 축구선수는 눈빛만으로도 상대의 의도를 파악해서 자로 잰 듯 패스를 주고받는다. 사랑하는 사람 사이에도 말은 필요 없다.

커뮤니케이션에서는 말 외에 비언어적인 것이 큰 영향을 미친다. 가령 장소, 시간, 가구의 배치, 인테리어 등이다.

첫째, 장소. 어떤 곳이 좋은 장소인지에 대한 정답은 존재하지 않는다. 중요한 것은 상황과 어젠다에 따라 적합한 장소를 정하는 것이다. 전국 각지에 흩어진 사람들을 불러 모아 회의를 할 때는 중간지점에 자리를 잡는 것이 좋다. 또 찾기 쉬운 곳으로 정해야 한다.

한번은 어떤 경제인협회 모임에 참석한 적이 있었다. 그런데 장소가 대구에서도 한참 떨어진 외진 곳이었다. 모든 사람이 그곳을 찾느라 1시간 가까이 허비했다. 나중에 이유를 물어보니 '장소 사용료가 싸서'였다.

미래전략을 짜는 것과 같은 새로운 발상을 필요로 할 때는 사방이 꽉 막힌 호텔보다는 바닷가나 계곡이 훨씬 효과적일 수 있다.

둘째, 인테리어, 가구 배치, 조명 등이다. 교육도 그렇고 강의도 그렇다. 어두침침한 조명에 극장식 의자가 놓여 있는 강당은 강사에게는 무덤이나 진배없다. 이런 강당에 들어가는 순간 참석자들은 영화를 보는 관람객 모드로 변환한다. 여기서 참여를 이끌어내고 활기차게 강의를 진행하는 것은 기대하기 어렵다.

벽지 색깔, 의자 배치 등도 결론에 큰 영향을 미친다. 노사가 협상할 때 주로 사용하는 남북대화형 테이블 배치는 긍정적인 결론을 끌어내기에 부적합하다. 이런 배치는 늘 대치할 수밖에 없다는 느낌을 준다. 그래서 일본의 링크플레이스라는 회사는 용도에 따라 벽지와 의자 배치를 수시로 바꾼다. 의견 교환을 위해서는 빨간색 벽지에 둥근 의자가 놓인 회의실을 사용하고 협상 마무리를 위해서는 파란색 벽지를 사용한다. 또 직급을 떠나 대화를 할 때는 앉는 자리가 정해져 있는 탁자 대신 둥근 탁자를 사용한다.

셋째, 시간대도 생각해봐야 한다. 점심 시간을 넘기면서 회의를 하는 경우가 있다. 물론 의제가 중요해서겠지만 사람들을 끝까지 집중시키기란 쉽지 않다. 긍정적인 결론은 물 건너간 얘기가 되고 만다. 그렇기 때문에 어젠다에 따라 회의 시간을 따로 잡는 것이 필요하다. 전략적이고 이성적인 어젠다는 오전이 효과적이다. 또 될수록 1시간을 넘기지 않는 것이 바람직하다. 야유회를 언제 어디로 갈 것이냐 같은 소프트한 어젠다는 오전보다 오후에 하는 것이 낫다.

넷째, 복장이나 액세서리도 커뮤니케이션 수단이 될 수 있다. 도탄에 빠진 IBM을 살린 거스너 회장은 첫 미팅 때 전통적인 흰 와이셔츠 대신 푸른색 옷을 입고 나타났다. 개혁에 대한 의지를 옷으로 표현한 것이다. 미국 국무장관을 지낸 올브라이트는 상황에 따라 다른 액세서리를 사용하기로 유명하다. 유시민 씨는 국회에 등단하는 날 넥타이를 매지 않아 파문을 일으켰다. 격식보다는 내용을 중시하자는 메시지를 던지고 싶었기 때문이다. 하지만 보건복지부 장관 인사청문회 때는 단정하게 양복을 입었다. 복장으로 자신의 진심을 알리고자 한 것이다.

커뮤니케이션은 언어를 넘어선다. 언어보다는 장소, 시간, 복장, 태도 등 비언어적 요소가 더 큰 비중을 차지한다. 그렇기 때문에 커뮤니케이션은 과학이라기보다 예술에 가깝다. 고려해야 할 요소가 많고 변수도 다양하다. 그래서 전략이 필요하다. 무슨 말을 어떻게 할 것인지는 당연히 고민해야 하지만 언제 어느 장소에서 이야기할지도 그에 못지않게 세심하게 신경을 써야 한다. 좌석 배치, 복장은 어떻게 할 것인지도 고려해야 한다. 그런 것이 모두 한 방향으로 정렬되었을 때 효과적인 커뮤니케이션이 가능해진다.

분위기를
연출하라

무작정 대화를 하잔다고 해서 사람들이 대화에 동참하는 것은 아니다. 대화는 결심한다고 되는 문제가 아니기 때문이다. 자연스럽게 대화할 분위기를 만들어주면 하지 말라고 해도 대화를 할 것이고, 그럴 분위기가 되지 않으면 아무리 강요해도 사람들은 절대 입을 열지 않는다. 설혹 억지로 입을 연다 해도 그저 입에 발린 말, 의례적인 말만 한다. 그래서는 내내 이야기가 겉돌고 아무런 성과 없이 시간만 낭비한다. 그러므로 커뮤니케이션이 제대로 되려면 우선 분위기를 만들어야 하고 분위기를 만드는 책임 대부분은 리더에게 있다.

모 기업의 회의는 늘 김 사장의 원맨쇼 장소다. 혼자서 북 치고 장구 치고, 문제점 제기하고, 해결책도 내놓는다. 나머지는 사장의 이야기를 듣고 적을 뿐이다. 김 사장은 에너지가 넘치지만 다른 사람들은 따분해한다. 이유를 묻자 그는 이렇게 말한다.

"저라고 혼자 떠들고 싶겠습니까? 질문을 해도 별다른 의견이 없고 아무 이야기를 안 하니까 그러는 거지요."

답답해진 그가 시계방향 순서대로 이야기해보라고 종용해도 꿀 먹은 벙어리들이기는 마찬가지다.

커뮤니케이션은 리더십이다. 커뮤니케이션 없이 리더십을 발휘하기는 불가능하다. 커뮤니케이션은 인체의 혈액순환과도 같다. 피가 돌지 않는데 건강할 수 없듯이 좋은 아이디어와 비전이 있어도 커뮤니케이션이 제대로 이루어지지 않으면 생산성 높은 조직을 만들 수 없다.

커뮤니케이션이 이루어지는 분위기를 만드는 것, 이것이 생산적 조직을 위해 리더가 해야 할 첫 번째 임무다. 사람들이 좀처럼 말문을 열지 않는다, 효과적인 대화를 할 줄 모른다, 그러니 할 수 없이 사장인 내가 이야기를 할 수밖에 없다고 주장하는 사람이 있는데 이는 잘못이다. 왜 사람들이 이야기를 안 하는지, 어떻게 해야 자유롭게 의견이 오가는 분위기를 만들 수 있는지를 파악해야 한다.

이를 위해서는 우선 자신의 표정부터 살펴야 한다. 방 안에 거울을 갖다 놓고 아침마다 거울을 보라. 그리고 자신에게 이렇게 물어보라. '네 표정은 어떠니? 너라면 이런 사람에게 말을 걸고 싶니?'

부드러운 표정은 분위기에 절대적 영향을 끼친다. 미소 띤 얼굴은 그 자체로 사람들에게 이렇게 속삭인다. "뭐든지 이야기하세요. 저는 들을 준비가 되어 있답니다." 반대로 찌푸린 얼굴은 그 자체로 사람들 입을 다물게 만든다. 인상을 쓰고 있는 상사는 부하직원 앞에서 파업을 하는 것이다.

둘째, 상대의 이야기를 경청할 수 있어야 한다. 사람들이 이야기를 안 하는 이유 중 하나는 상대가 경청하지 않기 때문이다. 건성으로 듣고, 말을 자르고, 면박하고, 자신의 말을 진심으로 듣지 않는다는 느낌을 받기 때문에 이야기하기를 거부하는 것이다. 그러므로 상대방의 이야기에 진지하고 적극적인 태도와 반응을 보이는 것이 우선이다. 경청하라, 그러면 사람들은 마음의 문을 열 것이다. 당신이 경청해야 상대도 당신의 이야기를 경청한다. 상사가 경청하는 조직은 정보가 위로 올라가지만 그렇지 않은 조직은 정보가 흐르지 않는다.

셋째, 지시보다는 좋은 질문을 던지는 것이다. 당신이 정말 잘하는 일은 무엇입니까? 지금 하는 일에서 성과를 내기 위해 어떤 일을 합니까? 성과를 방해하는 요소는 무엇이고 이것을 극복하기 위해 무엇을 합니까? 지금 하고 있는 일에서 보람을 느낍니까? 지난 3개월간 당신이 정말 잘한 일은 무엇입니까? 앞으로 3개월간 반드시 해야 할 일과 절대 해서는 안 될 일은 무엇입니까? 내년 이맘때 당신은 어떤 모습으로 있기를 원합니까?

리더의 역할은 질문을 통해 자극을 주는 것이다. 남이 하는 이야기는 남의 이야기일 뿐이다. 남의 이야기를 자신의 이야기로 만들기 위해서 해야 할 일은 좋은 질문을 던지는 것이다. 좋은 질문은 사람을 자극하고 생각하게 한다. 제 생각을 말로 이야기하면서 사람들은 스스로 동기를 부여하고 결심을 하게 된다. 무슨 이야기를 할까 고민하지 말고, 목표를 달성하기 위해 무슨 질문을 던질 것인가를 생각해야 한다.

　잘나가는 조직은 대체로 시끄럽다. 웃고 떠들면서 하고 싶은 이야기를 마음대로 한다. 문제가 있는 조직은 조용하다. 솔직함은 사라지고 불편한 침묵만 흐른다. 서로 눈치만 보면서 공개적으로는 이야기하지 않는다. 대신 끼리끼리 모여서는 활발하게 이야기한다.

　사람들은 공식적인 이야기보다는 소문에 많이 의존한다. 관료주의는 이런 조직에서 양분을 얻고 자란다. 관료주의 조직에서는 곰팡이가 피고 퀴퀴한 냄새가 난다. 윗사람과 아랫사람이 따로 놀고, 전체 이익보다는 부서의 이익을 중시하고, 예전 방식을 고집하며 새로운 시도를 싫어하고, 아이디어를 내고 혁신적인 사람을 왕따시키고, 가만히 앉아 불평하는 것을 낙으로 삼는 사람들이 득세한다. 조직에서 묵은 곰팡이를 깨끗이 털고 새로운 활력을 불어넣는 역할을 하는 것이 바로 커뮤니케이션이다. 커뮤니케이션은 숨어 있는 문제점, 움츠러드는 사람을 밖으로 불러내는 작업이다.

　강단에 올라가 목에 힘줄을 세우고 이야기하는 것은 커뮤니케이션이 아니다. 커뮤니케이션에서 가장 중요한 것은 분위기를 만드는 것이다. 힘들지만 솔직하게 이야기하게 하는 것, 현장의 문제점과 개선점을 고민하게 하는 것, 그리고 그것을 업무에 반영하는 것, 이런 것이 바로 커뮤니케이션이다.

그러므로 리더는 분위기를 유쾌하게 만드는 데 몸과 마음을 아끼지 말아야 한다. 분위기를 위해서는 가끔은 망가져도 괜찮다. 웃음은 열 번의 회식보다 더 큰 단결력을 선사한다.

여기서 생각해볼 것들

1. 내 표정은 어떤가? 근엄한가 아니면 밝고 쾌활한가?
2. 사람들이 내 앞에서 이야기할 때 시끌벅적한가? 아니면 무거운 침묵만 흐르는가?
3. 당신이 원하는 회의 분위기는 어떤 것인가?
4. 주변에 부드럽고 자유로운 분위기를 가진 조직이 있는가? 왜 그렇다고 생각하는가?
5. 부드러운 분위기를 만들기 위해 내가 할 수 있는 일은 무엇인가?

'경청의 힘' 이렇게 길러진다

의사를 자유롭게 개진하는 커뮤니케이션 환경을 만들기 위해서는 무엇보다 경청하는 자세가 중요하다고 생각합니다. '경청의 힘'을 기르는 데 가장 효과적인 실천 방법 한두 가지만 소개해주세요.

쉽게 실천할 수 있는 것부터 시작하는 것이 좋습니다. 우선 가정에서부터 실천해보세요. 말을 줄이는 것부터 시작하세요. 설교나 야단치는 일은 삼가는 것이 좋습니다. 그러려면 상대를 존중하는 마음을 가져야 합니다. 자녀를 설교의 대상으로 보지 말고 독립된 인격체로, 친구처럼 생각하세요. 대놓고 탓하기보다 그들을 이해하려고 노력해야 합니다. 분위기를 부드럽게 만들어 자녀의 마음을 열게 하고 열심히 집중해서 들어야 합니다. 눈을 보고, 질문을 하고, 고개를 끄덕이면서 진정으로 자녀를 존중하고 있다는 느낌을 받도록 해야 합니다.

처음에는 힘들겠지요. 어색하기도 하고 에너지도 많이 필요할 것입니다. 그래도 그 어려움을 넘겨야 합니다. 그리고 가족이 어떻게 달라지는지를 관찰해보세요. 훨씬 가까워진 느낌이 들 것입니다. 조금씩 자신감이 생기면 주위로 확대해 실천해보세요.

아울러 경청을 방해하는 요소를 없애는 것도 필요합니다. 피곤하면 경청할 수 없습니다. 그럴 때는 다음에 이야기하자고 정중하게 양해를 구하는 것이 좋습니다. 관심 없는 주제를 상대가 이야기하고 싶어 할 때는 질문을 통해 주제를 바꾸는 것도 한 방법입니다.

경청은 근육과도 같습니다. 훈련을 반복하다 보면 습관이 생깁니다. 그때부터는 자연스럽게 몸에 배어 경청해야겠다고 특별히 마음먹지 않아도 저절로 경청하게 될 것입니다.

부드러운 분위기를 만드는 좋은 방법으로는 어떤 것들이 있을까요?

권위주의를 없애야 합니다. 조직 내의 권위주의를 청산하기 위해서는 임원만의 주차장이나 식당을 없애는 것도 좋은 방법이 될 수 있습니다. 잭 웰치는 회의실이건 식당이건 자신만의 자리가 없었다고 하죠. 상상하기 어렵지만 잭 웰치는 직원들과 똑같이 빈자리에 앉아 회의를 했고 줄을 서서 밥을 먹었습니다.

윗사람으로서 무언가 대접을 받는 경우가 있습니다. 책상을 비서가 닦아주는 것, 엘리베이터 버튼을 대신 눌러주는 것, 차 문을 열어주는 것 등이 그렇습니다. 처음엔 쑥스러웠던 사람도 시간이 지나면 익숙해집니다. 그러다 누군가 빠뜨리고 지나치면 기분이 나빠지고 불쾌해집니다. 괘씸하다는 생각이 절로 들겠지요. '아니, 건방지게 차 문을 열지 않는단 말이야!' 이것이 바로 권위주의입니다.

호칭을
바꿔라

자유로운 커뮤니케이션을 방해하는 것 중의 하나가 호칭이다. 전무님, 이사님이라고 부르는 순간 사람들은 움츠러든다. 저 사람은 높은 사람, 나는 낮은 사람이라고 무의식적으로 생각하기 때문이다.

호칭은 관계를 정의한다. 형님, 아우라는 캐주얼 호칭을 사용하는 조직이 있다. 무슨 폭력조직의 내부 풍경을 보는 것 같고, 공식적인 채널보다는 사적인 채널이 더 잘 작동할 것 같다. 이런 조직은 신뢰가 가지 않는다. 이런 조직에서 합리적인 의사결정을 하기는 어렵다. 형님이 다소 잘못된 이야기를 해도 어떻게 동생이 거기에 토를 달겠는가? 당연히 나이 순서대로 권위를 갖게 되고, 올바른 결정보다는 나이 많은 사람의 생각을 따라간다. 이게 회사인지 가정인지 헷갈리게 된다.

호칭이 거창한 조직일수록 권위적이고 관료적이다. 높은 직급이 많고 직급에 인플레가 심하다. 어떤 조직은 원장이 있고, 부원장이 있고, 심지어 부원장보까지 있다. 구멍가게 같은 회사에 회장이 있는 곳도 있다. 전원이 몇십 명인데 회장, 부회장, 사장, 부사장이 있는 곳도 있다. 이처럼 원시적인 조직이란 것을 극명하게 보여주고 싶어 한다. 남들에게 자신이 회장님이라는 사실을 자랑하는 것 외에 전혀 득이 없다. 전 직원을 간부화해서 얻는 것이라고는 커뮤니케이션 장애라는 벽뿐이다. 직급 자체가 커뮤니케이션의 가장 큰 장애물이다.

권위주의가 소통에 가장 큰 장애라는 사실을 누구보다 잘 아는 이들은 기자들이다. 그래서 신문사에 갓 들어온 기자들에게 처음 주문하는 것이 권위에 대한 도전이다. 그 일환으로 보통 경찰서 출입을 시키는데 이것을 신문사 용어로 사스마와리('경찰서를 돌아다니는 사람'을 가리키는 일본어)라고 한다. 신입 기자는 일부러 반말을 하고, 꼬투리를 잡고, 심지어 경찰서장 방문을 발로 차고 들어가는 과격한 행동도 한다. 처음에는 어색하지만 시간이 지나면 익숙해진다. 또 하나가 호칭의 변화다. 특히 신문사는 '님' 자를 못 붙이게 한다. '님' 자를 붙였다가는 '출세할 일 있냐'는 비아냥을 듣는다. 20여 년 이상을 '님' 자에 익숙한 이들에게 '님' 자를 떼는 것은 결코 쉬운 일이 아니다. 하지만 이런 호칭이 가져오는 변화는 크다. '김 부장'과 '김 부장님'은 엄청난 차이가 있다. 사장과 사장님의 차이도 마찬가지다. 호칭은 사람들

사이에 벽을 만들 수도 있고 벽을 허물 수도 있다.

CJ는 이 사실을 알고 가장 먼저 호칭의 변화를 시도한 기업이다. CJ에서는 몇 년째 회장이건 상무건 신입 사원이건 모두 이름에 '님'자를 붙인다. 내가 보기에는 확실히 효과가 있다. 예전에는 공장 냄새가 물씬 났던 기업이다. 관료적인 느낌도 받았다. 하지만 요즘 만나는 CJ 사람들은 복장도 달라지고 말하는 것도 확실히 유연하고 부드럽다. 할 말을 못 하고 쭈뼛대는 대신 제 생각과 의견을 거침없이 말한다. 물론 다른 영향도 있겠지만 나는 호칭의 변화가 가져다준 문화의 산물로 본다.

6개월간 장관을 지냈던 사람에게 10년이 지난 지금까지 장관님이라고 부르는 사람이 있다. 당사자도 별 거부감을 느끼지 않는다. 나는 그럴 때마다 의구심이 생긴다. 장관을 지낸 때만 그 사람의 인생이고 나머지는 다 밑반찬이란 말인가?

호칭만으로 그 사람이 어떤 사람인지 알 수 있다. 그런 면에서 호칭은 일종의 소통방식이다.

형씨, 어이, 당신 같은 호칭에서는 경멸이 묻어난다. 선생님, 사장님에는 존경이 숨어 있다. 그래서 사람들은 호칭에 민감하다. 또 익숙한 호칭이 있다. 그래서 호칭을 바꾸기는 쉽지 않다. 모르는 사람이 "한근태 씨" 하면 거부감이 든다. 소장, 교수, 대표 등 여러 호칭이 있는데 젊은 놈이 버릇없이 군다는 식으로 불쾌감이 든다. 알게 모르게 우리는 오랫동안 호칭에서 오는 권위를 즐기면서 살았기 때문이다. 하지만 소통을 위해서는 그런 즐거움을 버려야 한다. 자신을 낮출 수 있을 때 우리는 소통할 수 있기 때문이다.

> **여기서 생각해볼 것들**
>
> 1. 우리 조직의 호칭은 어떠한가? 인플레가 있는 것은 아닌가? 전 직원의 간부화가 이루어진 것은 아닌가?
> 2. 직원 사이에 형, 동생 같은 캐주얼 호칭을 쓰지는 않는가?
> 3. 호칭이 소통에 어떤 영향을 주는가?
> 4. 만일 문제가 된다면 바꾸고 싶은가? 어떻게 바꾸고 싶은가?
> 5. 바꿀 때 예상되는 문제점은 무엇인가?

기업문화를 바꾼다는 것은

호칭 하나가 권위주의 문화의 온상이 될 수 있다는 말에 적극 공감합니다. 그런데 정말이지 호칭을 바꾸는 일은 쉽지 않습니다. CJ의 경우에도 마찬가지였을 텐데, 조직에서 그런 방침을 정해놓고 이후에 어떤 지속적이고도 구체적인 확인, 실천활동이 뒤따라야 비로소 하나의 문화로 정착될 수 있는지 알려주세요.

호칭을 바꾸기가 쉽지 않다는 것도 고정관념입니다. 바꾸는 것이 유리하다는 판단이 서면 바꾸면 그뿐입니다. 그 외에 뭐가 더 필요할까요?

사내 전체적으로 호칭을 바꾼다는 방침을 정하고 나서 초기에 반대는 없었는지, 수년이 지난 지금은 어떻게 평가하고 있는지 CJ 부사장에게 물었습니다. 그의 답변은 명확했습니다.

"저를 포함한 모든 직원이 매우 긍정적으로 생각합니다. 처음에는 직급 높은 사람 중에 반대하는 이도 있었지만 경영진의 의지가 워낙 강했습니다. 호칭은 무엇보다 조직문화를 바꾸었습니다. 예전보다 훨씬 유연하고 부드러워졌습니다. 그리고 그런 문화는 성과와도 연결이 되었지요. 매출이나 이익 측면뿐 아니라 보이지 않는 많은 곳이 긍정적으로 바뀌었습니다. 호칭을 하나 바꾸는 것이 이렇게 조직의 문화를 크게 바꾸리라고는 저희도 미처 생각지 못했습니다. 저희가 사용하는 '님'은 공용어가 되다시피 했습니다. 병원이나 관공서에서도 다들 '님'을 쓰지 않습니까?"

질문하면
통한다

영리하게 질문할 줄 아는 것이 진리의 반이다.
– 프랜시스 베이컨

질문을 보면 그가 어떤 사람인지 알 수 있다. 고수는 말을 잘하기 보다 질문을 날카롭게 잘하는 사람, 본질을 꿰뚫는 질문을 하는 사람 이다. 고수의 질문 한마디에 간담이 서늘해지고 미처 생각지도 못한 점을 깨닫고 놀라기도 한다.

황상민 전 연세대 심리학과 교수가 그렇다. 그는 질문을 통해 늘 나를 자극한다. 한번은 모 출판사가 〈삶의 목표〉라는 주제로 간담회 를 열었다. 왜 사는지를 생각해보자는 취지였다. 사실 너무 흔하고 뻔한 주제였다. 그때 황 교수가 이렇게 질문했다.

"그런다고 뭐가 달라지나요? 세상에 그걸 모르는 사람이 있나요?" 이 질문은 대화의 흐름을 완전히 바꾸어놓았다. 그저 멋지게 이야기하고 그럴듯하게 포장하려던 우리의 머릿속을 순식간에 하얗게 만들어버렸다. 이후 대화는 관념적인 것에서 실용적인 주제로 넘어갔다. 대강 이런 이야기였다.

"사람들이 삶의 목적을 모르는 것은 아니다. 그보다는 알지만 어쩌지 못할 뿐이다. 삶의 목적을 묻기보다 행동을 바꾸기 위해 무엇을 해야 하는지를 생각해보자."

이처럼 커뮤니케이션에서 주인공은 말을 하는 사람이 아니다. 화자보다는 질문하는 사람이 흐름을 주도한다. 왜 그렇게 생각하지요? 그런다고 뭐가 달라지나요? 당신이 정말 원하는 것은 무언가요? 그 이슈에 대해서는 어떻게 생각하세요? 이런 질문 하나하나가 분위기를 확 달라지게 만든다.

커뮤니케이션과 잡담의 차이는 무엇일까? 커뮤니케이션은 목적이 있고 성과가 있다. 잡담은 시간을 보낸다는 효용성 외에 성과가 없다. 연예가 뒷이야기, 누군가의 험담 같은 잡담을 커뮤니케이션이라고 부르지는 않는다. 남는 것이 없고 누구에게도 도움이 되지 않기 때문이다. 반면 커뮤니케이션은 목적이 있다. 현장을 잘 알기 위한 대화, 상대를 좀 더 잘 파악하기 위한 대화, 전략 수립을 위한 대화, 문제를 해결하기 위한 대화 등등이 모두 커뮤니케이션이다.

그 커뮤니케이션의 첫 단추가 바로 질문이다. 질문이 있어야 대화를 시작할 수 있다. 누군가 물어봐야 생각을 시작하고 그다음에 내 생각을 말로 할 수 있다. 그런 면에서 질문은 대화의 물꼬를 터주는 역할을 한다.

질문은 우리를 지혜롭게 한다. 진정한 천재는 답보다는 질문을 구한다. 지혜롭기 위해서는 아랫사람에게도 묻기를 두려워해서는 안 된다. 전창진 전 TG 감독은 질문을 좋아하는 감독으로 유명하다. 그는 누구에게서든지 배운다는 자세를 갖고 있다. 특히 경쟁팀의 지도자한테는 머리를 숙이고 철저히 배웠다. 플레이오프 4강에서 통한의 패배를 안겼던 김태환 전 LG 감독한테서는 정규리그 때 '상대 선수의 약점을 파악하는 방법'을 자주 들었다. 야전에서 잔뼈가 굵은 최희암 감독한테서는 경기 운영의 방법을, 최인선 감독에게는 '챔피언전에서 보인 TG의 문제점'을 물었다. 그는 감독 취임 1년 만에 열악한 조건을 딛고 팀을 우승으로 이끌었다.

통상 자기주장이 강한 프로감독의 세계에서 전창진 감독은 듣기 좋아하고 묻기 좋아하고 배우는 자세로 지도자들 사이의 벽을 허물었다.

부모나 교사가 습관적으로 권위에 기대어 공부하라고 잔소리를 하지만, 그래서 성적이 계속 좋아지더라는 말은 들어보지 못했다. 잔소리를 열심히 했더니 마음을 고쳐먹더라는 이야기를 들어본 적이 있는가? 누군가에게 일방적으로 강요하는 이유는 그것이 가장 쉽고 편하고 비용이 들지 않기 때문이다. 그러나 쉬운 만큼 효과가 없다. 강요당하는 사람은 십중팔구 귀담아듣지 않는다. 상대방은 자기감정을 발산할 뿐이기 때문이다. 그리고 굳이 생각할 필요를 느끼지 않는다. 상대방은 내 생각을 고려할 의도가 없기 때문이다.

강요하기는 쉽지만 질문하기는 어렵다. 질문을 하려면 신중한 사고와 행동이 필요하다. 일단 질문을 하면 자기 생각을 늦추고 상대의 대답에 귀를 기울여야 한다. 그리고 상대방은 질문에 답하기 위해 잠시 생각을 해야 하는데, 그것이 우리가 원하는 것이다. 상대방을 생각하게 만드는 것이 바로 설득이다. 이렇게 우리는 질문을 통해 설득할 수 있다.

질문을 통해 자신을 설득하면 자신과 다른 사람의 생활을 변화시킬 수 있다. 좀 더 나은 대인관계를 만들고 권리와 통제를 회복할 수 있으며, 좀 더 신중하고 똑똑하게 보일 수 있다. 좋은 질문을 하기 위해서는 상대가 하는 이야기를 잘 들어야 한다. 경청하지 못하는 사람은 질문도 하지 못한다. 질문은 지혜의 시작이다. 우리는 다른 사람에게 무엇을 가르쳐줄 수 없다. 그저 그 사람이 스스로 찾도록 도와줄 수 있을 뿐이다.

질문은 트래핑이다

못질에는 망치가 필요하고 톱질에는 톱이 있어야 한다. 대화를 위해서도 망치나 톱 같은 도구가 필수적이다. 그 필수 도구가 바로 질문이다. 질문하는 기술이다.

적절한 질문은 대화에 윤기가 흐르게 한다. 지루하던 대화에 활기를 불어넣는다. 떠버리에게 경고음을 보낸다. 잘못된 논리를 바로잡아준다. 처음 보는 사람에게 따스함을 선물한다. 어색함을 없애준다. 질문은 최고의 대화도구이며 좋은 사교 도구다.

처음 만나는 사람에게 질문을 던진다는 것은 "저는 당신에게 관심이 있답니다. 어떤 사람인지, 어떤 일을 하는지 궁금해요"라고 말하는 것과 같다. 당연히 관심 대상이 된 사람은 신이 나서 이야기를 한다. "제게 관심을 가져주셔서 감사드려요. 저는 이런 사람이고, 이런 일을 한답니다. 근데 당신은 어떤 사람이지요?"

이런 일은 낯선 상대에게만 통하는 것이 아니다. 매일 만나는 상사와 직원, 동료끼리도 마찬가지다. 분위기가 딱딱한 조직은 상사 혼자 이야기하는 경향이 있다. 상사는 늘 끊임없이 자기 이야기를 한다. 자신이 어떤 사람이고, 얼마나 끝내주게 일을 해왔고, 그래서 이렇게 성공했고, 앞으로도 이런 일을 할 것이고…. 나이도 많고 직급도 높다 보니 맘에 들지 않더라도 표현은 못 하고 들을 수밖에 없다.

마이크를 혼자 독점하는 것만큼 조직에 큰 피해를 주는 것도 없다. 이것은 커뮤니케이션을 가로막고 나서는 일이다. 질문을 한다는 것은 마이크를 다른 사람에게 넘겨주는 행위다.

질문은 꽉 막힌 커뮤니케이션 통로를 뚫는 트래펑(하수구 막힐 때 사용하는 용제)과 같은 작용을 한다. 질문을 받으면 사람들은 자극을 받아 어떻게 대답할지 머리를 사용하기 시작한다. 질문을 주고받으면서 동기가 유발되고 생각이 소통되면서 조직에 활기가 넘친다.

위대한 사람들은 질문을 잘하는 사람들이다. 미국의 아이젠하워 대통령은 질문을 잘하는 사람으로 유명하다. 한번은 주방에서 일하는 직원에게 이렇게 물었다.

"자네는 어떤가? 자네는 어떻게 생각하는가?"

그러자 직원이 눈물을 흘리며 이렇게 대답했다.

"저는 이곳에서 20년 동안 일했습니다. 하지만 지금까지 저한테 의견을 물은 사람은 단 한 사람도 없었습니다."

지시를 받은 사람은 손과 발만을 사용하면 된다. 지시를 이행하는 데 머리를 사용할 필요가 없기 때문이다. 반대로 질문을 받은 사람은 머리를 사용해야 한다. 질문은 육체노동자를 지식노동자로 바꿀 수 있는 최고의 도구다.

활기찬 생활을 하기 위해서는 스스로 질문해야 한다. 내가 원하는 삶의 모습은 어떤 것인가? 원하는 삶의 모습을 갖추기 위해 나는 어떻게 살아야 하는가? 이런 질문을 할 수 있다면 좀 더 자기관리를 잘 할 수 있을 것이다.

직장생활을 잘하기 위해서는 상사에게 질문을 하는 것이 중요하다. 투자의 귀재 템플턴은 상사에게 자주 조언을 구했다고 한다. 첫 직장에서 그는 적어도 한 달에 한 번은 상사에게 물었다.

"제가 하는 일에 대해 어떻게 생각하십니까? 제가 맡은 일을 더 잘하려면 어떻게 해야 합니까?"

이런 질문은 두 가지 효과가 있다. 그에 대한 상사의 생각을 알 수 있고 일을 더 잘하는 방법을 배울 수 있다. 덕분에 그는 1년 만에 재무담당 부사장이 된다.

사고를 조절하는 가장 효과적인 방법은 질문을 하는 것이다. 우리가 질문하는 것은 무엇이든지 뇌가 대답하게 되어 있다. 질문하라. 그러면 답을 찾게 될 것이다.

질문은 개인을 바꾸고, 조직을 바꾸고, 사회를 바꿀 수 있다.

질문의 놀라운 역할 5가지

당신은 하루에 얼마나 많은 질문을 하는가? 어떤 질문을 하는가? 질문은 발전의 시작이다. 왜 그렇지요? 왜 안 되나요? 더 좋게 하는 방법은 없을까요? 이런 질문을 던지는 순간 우리는 생각하기 시작한다. 청춘의 특징은 궁금한 것이 많고 질문이 많다는 것이다. 질문은 배움의 시작이고 대화를 여는 기폭제다.

그렇다면 구체적으로 질문은 어떤 역할을 하는가.

첫째, 질문은 대화를 활성화하는 연료의 역할을 한다. 대화할 때 말하는 사람만큼 중요한 역할을 하는 사람이 바로 듣는 사람이다. 상대는 열심히 이야기하는데 아무 질문도 없고 반응이 없다면 더는 이야기하고 싶지 않을 것이다. '왜 그렇지요? 그래서 어떻게 했습니까? 정말 힘들었겠네요, 그게 무슨 말이지요?'와 같은 적절한 질문과 반응은 판소리에서 추임새와 같다. 질문은 대화를 활성화하는 기름 역할을 한다.

둘째, 질문을 통해 답을 얻을 수 있다. 질문이 없으면 답도 없다.

우리가 답을 얻지 못하는 이유는 역설적으로 질문을 던지지 않기 때문이다. 잘 몰라도 그냥 넘어가고, 알려고 하지 않고, 질문 대신 불평하고 원망하기 때문이다.

부자가 되는 최고의 방법이 무엇이라고 생각하는가? 부자를 만나 그에게 점심을 대접하면서 질문을 던지는 것이다. 어떻게 부자가 되셨습니까? 위기는 없었나요? 부와 행복은 어떤 상관관계가 있나요? 부자를 꿈꾸는 사람에게 해주고 싶은 이야기는 무엇인가요?… 부자들은 자신의 성공을 확인받고 싶어 한다. 이렇게 하면 부자가 된다고 알려주고 싶어 한다. 당신이 할 일은 오로지 질문하고 열심히 듣고 실천하는 것이다.

셋째, 질문을 통해 다른 사람들의 지혜를 모을 수 있다. 바버라 부시 여사는 퍼스트레이디가 된 후 문맹 퇴치에 힘쓰기로 했다. 어느 선거 유세장에 그 이야기를 들은 문맹 퇴치 전문가가 많이 모였다. 그들은 부시 여사가 무언가 멋진 이야기를 해주기를 기대했다. 하지만 그녀는 연설 대신 질문을 했다.

"만일 여러분이 대통령 부인이고 문맹 퇴치를 위해 일하려 한다면 어떤 일을 하시겠습니까?"

그러자 탁월한 의견이 여기저기서 쏟아져나왔다. 그녀의 이야기다.

"나는 그 자리에서 분명 무엇인가를 배웠습니다. 사람들은 듣기보다 말하기를 좋아한다는 것입니다. 그러니까 잘 모를 때는 입을 다물고 귀를 기울이면서 다른 사람에게 말할 기회를 주면 됩니다. 그들은 기뻐할 것이고, 나는 무엇인가를 배울 수 있습니다."

넷째, 질문은 최고의 동기부여 도구다. 뭔가 회사가 예전처럼 돌아가지 않는다고 생각한 한 사장님은 직원을 한 사람씩 사무실로 불렀다. 그리고 다음과 같은 질문을 던졌다.

"김 대리, 지금 회사가 어려움에 처해 있는데 근본 원인이 뭐라고 생각합니까? 김 대리가 경영을 한다면 가장 먼저 할 일은 뭡니까? 내가 잘하는 것은 무엇이고 잘못하는 일은 뭐라고 생각합니까?"

이런 질문을 받은 직원은 무슨 생각을 할까? 당황스럽긴 하지만 큰 자부심을 갖게 될 것이다.

'아니, 사장님이 일개 대리인 내 의견까지 묻다니.'

질문은 돈을 들이지 않고 직원에게 동기부여할 수 있는 최선의 도구이다.

다섯째, 질문은 최고의 사교 도구다. 낯선 사람을 처음으로 소개받았을 때 그와 원수가 되는 방법을 알고 있는가? 아무런 질문도 하지 않고 소 닭 쳐다보듯 멀뚱멀뚱 앉아 있는 것이다. 상대방이 얼마나 계면쩍겠는가? 질문은 모르는 사람과도 친하게 해주는 최고의 사교 도구다.

질문을 한다는 것은 그에게 관심이 있다는 것을 공개적으로 표시하는 것이다. 강의가 끝난 후 질문 시간에 아무런 질문이 없다는 것은 무슨 의미인가? 강의가 별로였다는 사실을 묵시적으로 알리는 것과 같다.

호기심이 가득한 어린이가 온갖 것에 대해 질문을 던지는 모습을 보면 싱싱한 생동감을 느낀다. 호기심을 잃은 채 마치 세상에 대해 모르는 것이 없는 것처럼 아무 질문 없이 사는 사람은 죽음에 가까이 간 것이다.

똑똑한 질문기술 5가지

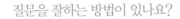 질문을 잘하는 방법이 있나요?

1. 폐쇄형 질문보다는 개방형 질문을 하세요

폐쇄형 질문은 응답자가 깊이 생각할 필요가 없는 질문이고 개방형은 상대가 생각을 하게 합니다. 예를 들어, '무엇무엇에 대해 어떻게 생각하죠? 더 설명해주시겠습니까? 어떤 가능성이 있을까요? 이전에 어떤 시도를 해보았나요?' 같은 것이 대표적인 개방형 질문이 되겠지요. 단, 개방형 질문은 상대가 대답할 수준이어야 합니다. 아무것도 모르는 신입 사원에게 '우리 산업의 현재 위치에 대해 어떻게 생각하십니까?'와 같은 질문은 적합하지 않습니다.

2 마음을 열게 할 질문이 필요합니다

서로 모르는 사이에 너무 개인적인 질문을 던지는 것은 예의가 아니겠지요. 질문에도 단계가 있답니다. 우선은 서로를 알아가는 질문이 필요하겠지요. 다른 사람의 마음의 문을 여는 가장 쉬운 방법은

자신을 먼저 오픈하고 그들에 대해 질문하는 것입니다. 예를 들어,

　　－ 지금의 위치에 서기까지 어떤 준비를 하셨습니까?

　　－ 어떻게 이런 결론에 도달하셨습니까?

　　－ 살면서 가장 큰 영향을 준 사람은 누굽니까?

　　－ 어떤 장애를 극복하셨습니까?

　　－ 당신만 알고 있는 성공의 노하우가 있습니까?

3. 목적을 분명히 하고 그것에 의거하여 계획을 세웁니다

목적이 없는 질문은 있을 수 없습니다. 그러니 목적에 맞게 질문해야 합니다. 문제 해결을 위한 질문이라면,

　　－ 어떻게 하면 이 일을 좀 더 잘할 수 있을까요?

　　－ 이 일을 끝내기 위한 노하우는 누가 갖고 있나요? 누가 가장 잘할 수 있을까요?

　　－ 우리가 잘못하고 있는 것은 무엇인가요? 잘하고 있는 것은?

　　－ 다른 아이디어를 갖고 있는 사람은 누가 있을까요?

정보를 구하는 질문이라면,

－ 이것에 대해 어떻게 생각하나요?

－ 이 상품의 장점은 무엇입니까?

－ 이 상품이 가진 위험 요소는 무엇입니까?

이유를 묻는 질문이라면,

－ 왜 그렇게 생각하죠?

－ 어떻게 해서 성공했나요?

－ 다른 방식으로도 가능할까요?

4. 질문을 명확하게 해야 합니다

질문의 목적 중 하나는 애매모호한 부분을 없애는 것입니다. 그게 무슨 말인지, 근거는 무엇인지를 확실히 해두어야 질문하는 목적을 이룰 수 있겠지요. 형사 콜롬보도 마지막에 결정적인 질문을 함으로써 목적을 달성하지 않던가요?

－ 그게 구체적으로 무슨 뜻이죠?

－ 정확히 어떤 결과를 바라나요?

－ 이 상황을 좀 더 자세히 설명해주실래요?

5. 피해야 할 질문도 꼭 알아두어야 합니다

'왜 계속해서 지각을 하는 건가?' 같은 변명을 하게 만드는 질문이나 '왜 결혼을 안 하느냐?' 같은 수치심을 느끼게 하는 질문, 두세 가지를 연속해서 던지는 질문, 위협적인 질문은 피해야 하겠지요.

질문 리더십을 위한 조언

질문의 중요성을 잘 알겠습니다. 그럼에도 불구하고 질문은 또 한편으로 자신의 무지를 드러내는 것이기도 해서 약간(?)의 용기를 필요로 합니다. 공자 말씀처럼 아는 것을 안다고 하고 모르는 것을 모른다고 하는 것이 진정으로 아는 것이라고는 생각하지만, 실천은 또 다른 문제로 다가옵니다.

질문 자체를 겁내는 사람에게 유용한 조언을 들려주실 수 있는지요?

질문을 하지 않는 이유는 무엇일까요? 첫째, 권위에 도전하기를 겁내기 때문입니다. 둘째, 허점이 드러나서 불리한 위치에 놓일 거라고 생각하기 때문입니다. 가만있으면 중간이라도 가는데 괜히 질문해서 바탕이 드러날까 봐 질문하지 않는 겁니다.

하지만 바탕이라는 건 언젠가는 들통나게 되어 있습니다. 질문을 안 하고 가만히 있는다고 하수가 고수처럼 보이지는 않습니다. 중요한 것은 하루하루 나아지는 것이고 그 첫 단계는 바로 질문하는 것입니다.

또 자신이 질문해서 깨달은 것은 절대 잊지 않습니다. 그리고 사람들은 대부분 모르는 것에 대해 질문하는 사람을 좋아합니다. 몰라서 질문을 하는데 이를 미워할 사람이 어디 있겠습니까. 오히려 모르면서 아무런 질문을 하지 않는 사람을 경멸할 겁니다. 진정한 용기는 모르는 것을 모른다고 인정하고 질문하는 것입니다.

말하기보다
듣기가 먼저다

커뮤니케이션의 출발점은 말하기가 아니라 바로 경청이다. 잘 들어주는 사람은 소통에 능하고 잘 듣지 못하는 사람은 소통에 문제가 생긴다. 말이 너무 많다고 비난하는 일은 있어도 너무 잘 듣는다고 비난하는 사람은 없다. 삼성의 이병철 회장이 이건희 회장에게 경영권을 물려주면서 내린 휘호도 바로 경청이었다. 여러 사람의 이야기를 잘 듣는 사람이 되라는 뜻에서 준 것이다. 세상에 경청의 중요성을 모르는 사람은 없다. 하지만 세상은 경청할 줄 모르는 사람들로 넘쳐난다.

그렇다면 경청은 얼마만큼 중요할까?

첫째, 경청을 해야 무언가 배울 수 있다. 말을 하는 동안 우리는 배울 수 없다. 무언가 배우기 위해서는 입을 다물고 질문을 하면서 상대 이야기에 귀 기울여야 한다. 우리는 들으면서 배운다.

둘째, 경청을 해야 상대와 가까워질 수 있다. '경청 후 이해시켜라.' 스티븐 코비 박사가 말하는 '성공하는 사람의 7가지 습관' 중 다섯 번째 습관이다. 경청해야 사람의 마음을 살 수 있고 그래야 그 사람을 설득할 수 있다는 것이다. 경청은 대인관계의 출발점이다. 대인관계가 나쁜 사람들의 특징은 잘 듣지 않는다는 것이다. 관심을 갖고 들어주는 것은 최고의 아첨이다.

남의 말을 들어야 하는 중요한 이유 중의 하나는 그래야 다른 사람들도 당신의 말을 듣기 때문이다.

셋째, 내 귀를 열어야 상대방의 입을 열 수 있다. 특히 직급이 높은 사람은 더욱 그러하다. 최고경영자가 경청을 잘하는 조직은 커뮤니케이션의 파이프라인이 살아 움직인다. 잘 들어주기 때문에 현장의 정보, 문제점, 소리들이 생생하게 전달된다. 반대로 최고경영자의 귀가 막히면 아무런 정보도 위로 올라오지 않는다. 이야기해봐야 소용없다고 판단되는 순간 사람들은 입 열기를 멈추고 이때부터 조직은 서서히 망가진다.

넷째, 사업을 잘할 수 있다. 일류 영업사원의 특징은 잘 듣는다는 것이다. 일류 사업가의 특징 또한 잘 듣는다는 것이다. 잘 들어야 상대의 호감을 살 수 있고 상대의 욕구를 정확히 파악하기 때문이다. 하버드대학 총장이었던 찰스 엘리엇은 "성공적인 비즈니스 상담에 비결 따위는 존재하지 않는다. 상대방의 이야기에 주의를 집중하는 것이 매우 중요하다. 어떠한 찬사도 이만한 효과는 없다"고 경청의 중요성을 갈파한다.

미국의 논픽션 작가이자 경영 컨설턴트인 마이클 겔브가 만든 최악의 듣기 태도를 통해 우리 자신의 경청 점수를 매겨보자.

1. 회의적인 표정을 짓는다.
2. 다른 사람이 말하고 있을 때 자기가 할 말을 머릿속에서 미리 다듬는다.
3. 시계를 자주 본다.
4. 이야기 도중 전화를 받는다.
5. 상대를 불안하게 만든다.
6. 상대방이 말하는 데 자꾸 끼어든다.
7. 마음대로 화제를 바꾼다.
8. 계속 자신에 대해서만 이야기한다.
9. 불필요한 충고를 한다.
10. 시선을 피한다.
11. 공격적이거나 불성실한 태도를 보이고 불쾌한 시선을 보낸다.
12. 이야기 도중 자리를 뜬다.
13. 상대방이 이야기하는 도중 꾸벅꾸벅 존다.

어떤 정신과 의사는 대한민국 중년 남성의 반 이상이 자폐증세를 보인다고 이야기한다. 공감하는 말이다. 내 주변에도 정말 자폐증세를 보이는 사람들이 꽤 있다. 자신의 이슈에 몰입하여 주변을 돌아보지 못하는 사람들이다. 남이 열심히 이야기하는데 컴퓨터만 보는 사람도 있다. 물론 자신은 두 가지 일을 동시에 하고 있다고 생각한다. 눈을 보지 않은 채 이야기를 하는 사람들도 있다. 이런 사람들에게는 동정심이 느껴진다. 사장의 경청 능력이 떨어지면 그 조직의 커뮤니케이션 상태는 보나마나이다. 사장이 열심히 들어주지 않는데 누가 열심히 일하고 누가 현장 이야기를 들려줄 것인가?

일방적인 커뮤니케이션보다는 상호작용하는 커뮤니케이션이 효과적이다. 말하기의 다른 편에 있는 것이 경청이다. 그렇기 때문에 경청이 되지 않으면 커뮤니케이션은 이루어지지 않는다. 말은 오가지만 경청하지 않으면 진실이 담겨 있지 않은 만큼 자칫 겉돌기 쉽다. 대화의 주도권은 말하는 사람이 아니라 듣는 사람이 갖고 있다. 그러므로 경청 능력이 떨어지면 커뮤니케이션이 효과적으로 일어나지 않는다. 특히 직급 높은 사람이 경청하지 않는 그런 회의는 하지 않는 편이 좋다. 평소에 잘 듣지 않지만 언제든 결심만 하면 잘 들을 수 있다고 생각하는 사람도 있다. 하지만 그런 일은 있을 수 없다. 내가 듣지 않으면 상대도 내 말을 듣지 않고 그러면서 커뮤니케이션 채널이 사라지기 때문이다. 채널을 살리는 데는 많은 비용과 시간이 소요된다. 경청은 커뮤니케이션의 가장 중요한 요소다.

그렇다면 경청은 어떻게 하는 것일까?

경청하려면 상대의 눈을 보아야 한다. 눈을 보지 않는다는 것은 '동의할 수 없다, 당신 말이 듣기 싫다'고 말하는 것과 크게 다르지 않다. 눈을 보지 않는 경청은 있을 수 없다. 그렇게 듣는 것은 듣는 것이 아니다.

속으로 딴생각을 하면서 들어도 안 된다. 듣는 척을 해도 안 된다. 경청은 온 신경을 집중하는 것이다. 경청은 동의하는 것이다. 고개를 끄덕이고 필요할 때 질문을 하는 것이다. "왜 그렇지요? 그래서요?" 라고 하면서 상대의 힘을 북돋워주는 것이다. 판소리의 추임새와 비슷한 역할이다. 그럴 때 말하는 사람은 더욱 신이 나서 자기 이야기를 하게 되고 커뮤니케이션 채널이 강해진다.

경청은 몸을 앞으로 당기는 것이다. 상대의 이야기를 한마디도 놓치지 않으려고 기를 쓰는 것이다. 무표정하게 몸을 뒤로 눕힌 채 팔짱을 끼고 듣는 것은 경청이 아니다. 그것은 째려보기다. "그래, 무슨 얘기를 하는지 한번 들어나 보자"라며 감독관처럼 구는 것이다.

듣는 태도에서 이미 말하는 사람은 상대의 마음을 읽는다. 말하기가 싫어진다. 할 수 없이 말은 하지만 빨리 벗어나고 싶어진다.

경청은 수동태가 아니다. 능동태다. 한발 물러서서 지켜보는 것이 아니라 대화에 적극적으로 개입해 주체적으로 이야기하는 것이다.

경청은 공감하는 것이다. 마치 자신이 상대가 된 것처럼 역지사지하는 것이다. 자기 반응을 보여주고 최대한 그 사람의 입장을 이해하려고 노력하는 것이다.

경청은 근육과 같다. 계속 쓰면 근육이 생기고 튼튼해지는 것과 같이 남의 말을 열심히 듣는 사람은 경청 근육이 늘어난다. 경청은 커뮤니케이션의 가장 중요한 축이다. 톰 피터스는 이렇게 말한다.

"타인을 만족시키는 가장 탁월한 방법은 그들의 말을 경청하는 것이다. 말하고 명령하는 것이 지난 세기의 방법이었다면, 귀 기울여 경청하는 것은 21세기의 방법이라 할 수 있다."

그런데 이처럼 중요한 경청을 못 하는 이유는 뭘까? 골프 핸디에 따른 유머 가운데 이런 것이 있다.

90대 : 상대가 묻지 않아도 가르쳐준다.

80대 : 상대가 물어보면 비로소 가르쳐준다.

70대 : 상대가 정중하게 예의를 갖춰 물어보면 그때 가르쳐준다.

프로 : 돈을 내야 가르쳐준다.

이처럼 진정으로 많이 알고 성숙한 사람은 함부로 입을 열지 않는다. 자신의 지식과 정보를 소중한 자산으로 생각하기 때문이다. 그러므로 고급 정보를 얻기 위해서는 정중하게 절실한 마음으로 물어보고 잘 경청해야 한다.

경청은 그저 남의 말을 들어주는 행위가 아니다. 경청을 해야 커뮤니케이션 통로를 확보할 수 있다. 사랑에 빠진 사람이 사랑하는 사람의 말을 대충 듣는 경우는 없다. 사랑에 빠졌을 때 사람들은 가장 열심히 경청한다.

최고의 세일즈맨은 모두 경청의 달인들이다. 경청을 잘해야 고객과의 통로가 열린다는 것을 알기 때문이다. 어느 판매왕이 말하는 자신의 비결이다.

"저는 고객이 말을 할 때 절대로 물건이나 실적에 대해 생각하지 않습니다. 그 순간, 저는 아무 생각 없이 고객의 말만을 경청합니다. 고객의 말은 문제지와 같습니다. 당신은 시험장에서 문제지를 볼 때 딴생각을 합니까? 문제지를 제대로 안 봤는데 해답을 제대로 내놓을 수 있습니까? 고객이 하는 말에는 요구사항은 물론, 그들을 설득할 수 있는 요소가 다 들어 있습니다."

경청이 중요하지만 많은 사람이 실천하지 못하는 것은 그만큼 힘들기 때문이다. 무엇보다 경청에는 많은 에너지가 소요된다. 경청을 하면 온몸의 에너지가 다 빠져나간다. 내가 하는 컨설팅이나 자문은 주로 들어주는 일인데 서너 시간만 집중해서 들으면 파김치가 된다.

훌륭한 경청자가 되기 위해서는 에너지를 효과적으로 보완하고 사용하는 것이 중요하다. 에너지가 고갈되면 당연한 결과로 주의가 산만해지기 때문이다. 그러므로 늦은 시간에 민감한 문제를 이야기하는 것은 피하는 것이 좋다. 쓸데없는 걱정, 불안도 품지 말아야 한다. 갈등, 분쟁, 소음, 시간적 압박 같은 외부적 요인도 에너지를 잡아먹는다. 거만하거나 이기적인 사람을 대할 때도 에너지가 고갈된다. 너무 많은 사람과 접촉하는 직업도 에너지 소모가 크다. 많은 사람의 이야기를 들어야 하는 대통령, 당 대표, CEO 같은 이들은 거의 철인에 맞먹는 에너지를 필요로 한다.

그런 면에서 GE의 제프리 이멜트 회장을 보면 사람이 아니고 에너지 덩어리란 생각을 할 수밖에 없다. 하루에 수십 명의 유명 인사를 30분 간격으로 만나는데 도대체 그런 일정을 어떻게 소화할 수 있는지, 어떻게 탈진하지 않고 이야기에 집중할 수 있는지 신기하다는 생각이 든다.

그럼에도 불구하고 리더가 되려는 사람은 경청할 수 있어야 한다. 경청은 단순히 잘 듣는 기술적인 문제가 아니다. 경청은 겸손이다. 경청하는 사람은 "나는 당신에게 관심이 있습니다. 나는 아직 부족해서 사람들로부터 배워야 합니다. 그러니 한 말씀 해주세요"라고 이야기하는 것과 같다. 그렇기 때문에 바른 마음을 가진 사람만이 잘 들을 수 있다. 경청은 인간이 가진 태도 중 가장 품위 있고 개방적이며 고귀한 것이다. 대중에게 다가가는 지름길은 그들에게 혀를 내미는 것이 아니라 귀를 내미는 것이다. 내가 어떤 달콤한 말을 해도 상대방은 자기 이야기의 절반만큼도 흥미를 갖지 않는 법이다.

그러니 훌륭한 리더가 되고 싶으면 상대방에게 이렇게 말하면 된다.

"세상에! 그래서? 더 얘기해봐."

먹히는 말은
무엇이 다른가

목적에 충실하라

쉽고 짧게 말하라

강력한 무기, 비유를 활용하라

모순되게 말하라

공감을 얻어내라

탁월한 스토리텔러가 되어라

말에 논리를 담아라

결론부터 말하라

주의를 환기하라

반복, 반복 또 반복하라

목적에
충실하라

행동을 이끌어내지 못할 말은 하지 않는 편이 낫다.
– 토머스 칼라일

인간의 모든 행동에는 목적이 있다. 아이한테 공부하라고 잔소리를 하는 어머니는 아이가 공부하게 만드는 것이 목적이다. 그저 기분을 풀자고 하는 것이 아니다. 문제는 그 잔소리가 목적 달성에 아무런 기여를 못 한다는 것이다. 경영자들이 "초경쟁시대에 뼈를 깎고 허리띠를 졸라매자"고 하는 이야기 또한 호소력이 없다. 자기 딴에는 진지하게 사람들 마음을 움직여보려는 것이겠지만 그 한마디에 행동을 바꾸는 사람은 없기 때문이다.

내가 무슨 말을 하느냐는 중요치 않다. 그 말을 들은 사람이 내 말에 대해 어떻게 생각하는지, 그 말을 듣고 행동에 변화를 일으킬지가 가장 중요한 것이다.

목사님의 설교도 그렇다. 내가 아는 분은 누군가의 소개로 어느 교회에 몇 번 나갔다고 한다. 하지만 계속 다닐 수가 없었다며 이렇게 이야기했다.

"사실 나이가 들면서 종교가 필요하다고 생각했습니다. 삶이 허전하고, 어떤 절대적인 신에게 의지하고 싶었거든요. 그런데 그 교회 목사님은 야단치는 것이 주특기예요. 우선 자신의 설교가 중요하다, 그러니까 정신을 똑바로 차리고 들어야 한다는 걸 15분씩이나 강조합니다. 설교가 좋으면 듣지 말라고 해도 듣지 않겠습니까? 그뿐이 아닙니다. 그렇게 살지 말아라, 이래서는 안 된다, 주일만 지켜서는 안 되고 다른 날도 나와야 한다 등등 정말 설교를 듣고 나면 늘 죄책감에 시달려야 했습니다."

이분의 목적은 마음의 평화를 얻는 것이었는데 불행히도 그 목사님은 마음의 평화 대신 죄책감을 선물했던 것이다.

커뮤니케이션에는 늘 목적이 수반된다. 목적을 달성하기 위해서는 고민해야 한다. 상대가 듣고 싶어 하는 것은 무엇인지, 내가 하고 싶은 말은 무엇인지, 이야기가 끝난 다음 상대가 어떤 행동을 해주기를 바라는지를 명확히 해야 한다.

아인슈타인 이후 최고의 물리학자로 인정받는 미국의 리처드 파인만과 그 부인에 관한 이야기는 효과적인 커뮤니케이션과 설득이란 어떤 것인지를 잘 보여준다.

원자폭탄 개발에 관여한 파인만은 1965년 양자전기역학 이론으로 노벨 물리학상을 받게 된다. 강의와 연구에만 몰두하던 그는 노벨상을 받으러 스웨덴까지 가는 것이 귀찮아 수상을 거부하려 했다. 그러자 아내가 남편을 설득하기 시작했다.

우선 수상을 거부하는 이유를 물었다.

"여보, 왜 노벨상을 받으러 가지 않아요?"

"거기까지 가는 게 귀찮아. 할 일이 많거든."

"아니, 귀찮다고 노벨상을 받지 않겠다고요?"

"그래, 노벨상을 받으러 가면 많은 사람을 만나야 하고, 질문에 답해야 하고, 이런저런 이야기를 해야 하고, 그런 것들이 모두 귀찮아."

"그래요? 그런데 제 생각에는요, 노벨상을 거부하면 당신은 세계에서 최초로 노벨상을 거부하는 사람이 될 것이고, 그러면 당신은 더욱 유명해져서 더 많은 사람들이 귀찮게 할 텐데요?"

이 말을 들은 파인만은 노벨상을 받기로 결심한다.

그녀는 목적을 달성했다. 우선 질문을 통해 남편의 니즈를 정확히 파악했다. 그래서 사람 만나는 것이 귀찮아 수상을 거부한다는 사실을 알았다. 다음에는 수상을 거부하면 더 귀찮은 일이 많을 거라고 이야기함으로써 고집쟁이 남편의 마음을 바꾼 것이다.

실패한 커뮤니케이션의 대표적인 사례를 보자. 위정자가 양극화 문제 때문에 걱정이다, 강남 집값 때문에 나라가 흔들린다는 식으로 말하면 국민들은 헷갈린다.

'왜 저런 이야기를 하는 거지? 그러면 나보고 어쩌라는 거야? 강남 사는 사람들은 집을 팔고 이사를 하라는 건가? 아니면 강남 사람들을 미워하라는 건가? 도대체 이야기하고자 하는 메시지가 뭐야?'

정말 이도 저도 아닌 말이다. 이런 식의 커뮤니케이션은 할수록 혼란만 커질 뿐이고 실익이 없다.

말에는 분명한 목적이 있어야 한다. 그런 의미에서 루스벨트 대통령은 탁월하다. 국가가 총력을 기울여도 시원치 않은 세계 2차대전 중 석탄 광부들이 파업에 돌입했다. 국가의 근간이 되는 산업이 멈추어버리자 미국은 그때까지 겪어보지 못한 대혼란과 위기에 빠져들었다. 바로 이때 루스벨트는 라디오를 통해 다음과 같이 호소함으로써 강경한 파업의 대오를 풀 수 있었다.

"… 군인들은 전쟁터에서 전쟁을 하고 있고 여러분은 후방에서 전쟁을 하고 있습니다. 석탄이 제대로 공급되지 않아 군수품에 차질이 빚어지면 어떤 일이 일어날까요? 그 때문에 탄약이 부족하다면, 그 때문에 제때 식량이 공급되지 않는다면 어떨까요? 그들은 여러분에 대해 어떻게 생각할까요? 파업행위가 아무리 정당하다 해도 저는 분명하게 요구합니다. 여러분의 애국심에 호소합니다. 파업을 중지하십시오."

말을 하기 전에 목적을 분명히 해야 한다. 그리고 생각해야 한다. 내가 무슨 말을 어떻게 해야 저들의 생각을 바꿀 수 있을지를.

1. 내가 커뮤니케이션하는 목적은 무엇인가?
2. 어떻게 하면 그 목적을 달성할 수 있을까?
3. 그 이야기를 듣고 사람들은 어떻게 생각할까?
4. 예전에 했던 커뮤니케이션 중 목적을 달성한 것은 어떤 것이고 그렇지 못한 것은 어떤 것인가?
5. 그 이유는 무엇인가?

쉽고 짧게
말하라

'간단하지만 명확하게'는 커뮤니케이션의 가장 중요한 원칙이다. 말이 길고 느려터진 사람과 이야기하는 것은 큰 고통이다. 왜 간단한 이야기를 저렇게밖에 할 수 없는지 답답하고 숨이 막힌다. 커뮤니케이션은 쉽고 분명해야 한다. 메시지가 선명해야 한다. 무엇을 주장하는지 즉각 상대가 알 수 있어야 한다.

대학에 다닐 때 유난히 강의를 어렵게 하는 교수가 있었다. 아무리 정신을 차리고 들으려고 해도 도대체 무슨 말을 하는지 이해할 수 없었다. 그래서 질문을 했는데 질문에 대한 답이 더 어려워 아예 질문을 포기한 적이 있었다. 그저 칠판에 무언가 수식을 잔뜩 쓰고 우리에게는 거의 말도 하지 않았다. 그야말로 선생은 가르치는 척, 학생들은 배우는 척을 했다. 알고 보니 그 선생은 그 분야에 거의 문외한이었다. 군대를 다녀와 똑같은 과목을 다른 교수에게 들을 기회가 있었는데 귀에 쏙쏙 들어오도록 쉽게 설명했다. 같은 과목을 이렇게 다르게 설명할 수 있다는 것이 신기할 따름이었다.

어렵게 이야기하거나 장황하게 말하는 사람들이 있다. 왜 그럴까? 자신도 잘 모르기 때문이다. 완벽하게 이해했다면 그렇게 길게 할 필요성을 느끼지 못한다. 이해하는 정도에 비례해서 보고서 분량도 많아지고 말도 길어진다. 어려운 용어도 군데군데 쓴다. 그래야 사람들을 속일 수 있기 때문이다.

가방이 크다고 공부를 잘하는 것이 아니다. 같은 원리로 멋지게 보이려고 애쓰는 것 역시 커뮤니케이션의 적이다. 메시지보다 자신을 멋지게 포장하려는 욕구를 가진 사람들이 흔히 이런 실수를 저지른다. 남의 눈에 비친 자신을 지나치게 의식하는 사람은 멋진 말로 포장하고 예쁘게 이야기하려 한다. 그러다 보면 본질이 흐려져 무슨 말을 하는지 모를 수가 있다. 상대를 너무 낮게 보는 것도 이유가 된다. 한 말을 반복하고, 길게 하고, 무슨 말인지 알겠느냐고 꼭 확인한다. 뭐 대단한 말을 하는 것도 아닌데 이해하고 자시고가 어디 있는가, 듣는 이는 이렇게 생각한다.

어떤 사물이나 사안에 대한 공력(工力)이 커질수록 말은 쉬워지고 짧아진다. 반면에 머릿속에 든 것이 없을수록 가방은 점점 커진다. 톨스토이의 말처럼 "사람의 지혜가 깊으면 깊을수록 생각을 나타내는 말은 단순해진다."

보통 사람들이 어렵게 생각하는 화학 분야를 쉽게 설명하기로 유명한 스탠퍼드대학의 석좌교수 김성호 교수는 이렇게 말한다.

"나는 기본적으로 사람들이 도저히 알아들을 수 없는 분야는 없다고 봅니다. 남에게 제대로 설명하지 못한다는 것은 진정으로 자신이 이해하지 못했기 때문입니다. 어떤 분야에 대한 이해가 깊을수록 설명은 더 쉬워지는 법입니다."

정말 공감할 수밖에 없는 말이다.

말을 쉽고 짧게 하기 위해서는 어떻게 해야 할까?

우선 관련 이슈에 대해 확실하게 알고 있어야 한다. 그러기 위해서는 관련 정보를 수집하고 충분히 소화하여 어떤 질문이 나오더라도 대응할 수 있어야 한다. 예를 들어, 이직률이 높아지는 것이 문제라면 이에 관한 정보를 모두 수집해야 한다. 지난 몇 년간 이직률 데이터, 다른 회사 이직률 데이터, 업종별 이직률 데이터, 당사 이직 이유에 관한 정보, 그로 인한 손실, 원인과 대책에 관해 완벽하게 이해하고 있어야 한다.

둘째, 모든 데이터를 다 이야기하는 것보다 상대가 가장 알고 싶어 하는 것이 무엇인지, 상대가 들어줄 시간이 충분한지를 파악해야 한다. 또 어떤 내용을 어떤 순서로 설명하는 것이 가장 좋은지도 생각해보아야 한다. 상대의 시간이 충분하다면 기, 승, 전, 결 식으로 차분하게 설명하고 결론을 나중에 내려도 좋다. 하지만 상대가 시간에 쫓긴다면 결론부터 이야기하는 것이 좋다. 그리고 상대의 반응에 따라 설명하면 된다.

셋째, 예상 질문을 생각해야 한다. 당신이 상사라면 어떤 질문을 할지, 어떤 것이 궁금한지 생각해보라. 이를 알기 위해서는 평소 회의에서 사람들이 주고받는 질문을 유심히 살펴보라. 예상 질문의 숫자는 별로 많지 않다.

넷째, 목적을 분명히 해야 한다. 단순히 문제의 심각성을 알리는 것인지, 그래서 예산이나 인원을 확보하려는 것인지, 교육을 하자는 것인지… 상대의 입에서 '그래서 어쩌라고?'라는 반응이 나오게 하면 곤란하다.

모 기업의 조회에 참석한 적이 있다. 사장님 훈시 뒤에 내 강의가 있었기 때문이다. 당시 그 회사는 매출이 떨어지고 경쟁자가 등장하여 위기 상황에 놓여 있었다. 하지만 사장님은 엉뚱하게도 자신이 일본에 갔다 온 이야기, 매출이 반으로 떨어졌다는 이야기, 그래서 어렵다는 이야기 등을 두서없이 이어갔다. 20분 이상을 이야기했는데 이야기에 초점이 없었다. 내가 내린 결론은 이런 거였다.

'이야기하기 전, 그는 무슨 말을 해야 할지 몰랐다. 이야기하는 동안, 그는 자신이 무슨 말을 하는지 몰랐다. 이야기를 끝낸 후, 그는 무슨 말을 했는지 몰랐다. 직원들은 더더욱 알 턱이 없다.'

목적을 분명히 하는 것, 그것을 되도록 간단하고 명확하게 전달하는 것은 커뮤니케이션의 기초이다.

1. 주변에서 말을 짧고 알아듣기 쉽게 하는 사람을 찾아보라. 그 특징은 무엇인가?
2. 반대로 말을 길고 어렵게 하는 사람은 누군가? 왜 그럴까?
3. 나는 어떤 사람인가?
4. 말을 쉽고 명확하게 하기 위해서는 어떻게 해야 하는가?
5. 점점 나아지고 있는지 아닌지를 어떻게 알 수 있는가?

3분 안에 설득해야 한다면?

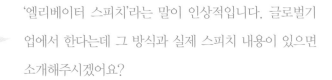

'엘리베이터 스피치'라는 말이 인상적입니다. 글로벌기업에서 한다는데 그 방식과 실제 스피치 내용이 있으면 소개해주시겠어요?

엘리베이터 스피치는 엘리베이터 리포트라고도 많이 표현합니다. 예를 들어, 영업사원이 핵심 이해당사자를 63빌딩 엘리베이터에서 만났습니다. 주어진 시간은 3분뿐입니다. 그 안에 그 사람을 설득해 영업을 할 수 있다면 이번 달 목표 달성은 문제가 없습니다.

이렇게 상황을 설정하고 영업사원 몇 사람이 고민을 하는 겁니다. 그리고 실제로 롤 플레잉을 하지요. 한 사람은 영업사원, 다른 한 사람은 이해당사자입니다. 여러 아이디어가 나옵니다. 여러 가지 질문을 하는 사람도 있고, 계속해서 자사 물건의 우수성을 알리는 사람도 있습니다.

다 듣고 나서는 사람들이 피드백합니다. '이 방법이 좋긴 한데 이런 부분을 보완하면 정말 설득력이 있겠다, 저 방식은 사람을 지루하게 할 것 같다'는 식으로 여러 가지 의견을 나눕니다. 이런 과정을 통해 참석한 사람들은 효과적인 커뮤니케이션에 대해 배웁니다.

　실제 이것을 적용하여 몇억짜리 프로젝트를 성공시킨 사례가 있습니다. 커뮤니케이션은 훈련입니다. 실제와 똑같은 상황을 설정하고 반복 훈련하다 보면 자신도 모르는 사이에 프로세스대로 자연스럽게 말이 나옵니다. 그만큼 성공 확률이 높아지는 것이지요.

강력한 무기,
비유를 활용하라

비유는 가장 강력한 커뮤니케이션 수단이다. 비유해서 이야기할 수 있다면 그냥 사실만을 이야기하는 것보다 사람들 기억에 훨씬 쉽게 남을 것이다. 그런 면에서 탁월한 리더는 늘 어떻게 비유를 활용할 것인가를 고민해야 한다.

한 친구가 이메일로 보내온 내용 중에 비유와 관련한 재미있는 이야기가 있어 소개한다.

파티에서 끝내주는 여자를 보았다. 그녀에게 가까이 다가가 "나는 돈이 많아. 나랑 결혼해줘!"라고 말한다. 이것이 직접적인 마케팅이다.

친구들과 함께 간 파티에서 끝내주는 여자를 보았다. 친구 중 하나가 그녀에게 다가가서 당신을 가리키며 "그는 돈이 많아. 그와 결혼하면 좋을걸"이라고 말한다. 이것이 광고다.

파티에서 끝내주는 여자를 보았다. 그녀에게 다가가 전화번호를 얻는다. 다음날 전화해서 "나는 돈이 많아. 나랑 결혼해줘"라고 말한다. 이것이 텔레마케팅이다.

파티에서 끝내주는 여자를 보았다. 자리에서 일어나 옷매무새를 추스르고 그녀에게 다가가 음료를 따라준다. 그녀를 위해 문을 열어주고 그녀가 놓아둔 가방을 집어 들어 그녀에게 건네준다. 그러고는 "나는 돈이 많아. 나랑 결혼해줄래?"라고 말한다. 이것이 PR이다.

파티에서 끝내주는 여자를 보았다. 그녀가 당신에게 다가와 "당신은 굉장한 부자죠?"라고 말한다. 이것이 '브랜드 인지도'다.

파티에서 끝내주는 여자를 보았다. 그녀에게 다가가 "나는 부자야. 나랑 결혼해"라고 말한다. 그녀가 당신 얼굴에 따귀를 날린다. 이것이 고객의 피드백이다.

파티에서 끝내주는 여자를 보았다. 그녀에게 가까이 다가가 "나는 돈이 많아. 나랑 결혼해줘!"라고 말한다. 하지만 가지고 있는 건 신용카드와 빚뿐. 바로 분식회계다.

마케팅, 광고, 브랜드에 대해 비유를 들어 설명한 것인데 일단 재미있었고 고개를 끄덕이게 되고 기억에 오래 남았다. 이처럼 무언가를 설명할 때 비유를 사용할 수 있다면 그 어떤 설명보다 강력한 힘을 발휘할 수 있다.

불황 때문에 구조조정을 해야만 할 상황에 처해 있다고 치자. 사람들은 막연하게 구조조정에 반대하고 있고 당신은 이런 사람들을 설득시켜야 한다. 무슨 말을 어떤 식으로 해야 호소력을 가질 수 있을까? 어느 신문에서 보았던 비유를 소개한다.

정원사가 정원 안에 있는 가시덤불을 발견했습니다. 이 가시덤불을 없애야 정원을 제대로 가꿀 수가 있지요.

여러분은 어떤 방식으로 가시덤불을 없애겠습니까? 가시덤불을 뽑을 때는 있는 힘을 다해 순식간에 무자비하게 움켜잡고 뽑아야 합니다. 처음 한순간 통증이 있겠지만 그것은 곧 사라집니다. 강하게 잡아 뽑아야 가시덤불은 쉽게 뽑히고 그것이 자라던 자리에 좀 더 생산적인 식물을 심을 수 있습니다. 덤불을 뽑고 손에 묻은 피를 닦아내고 그다음 일을 하면 됩니다. 가시에 찔린 상처는 깊지 않아서 금방 낫습니다.

하지만 소심한 정원사는 힘껏 잡지 않습니다. 조심스럽게 뽑다 보니 제대로 뽑히지도 않습니다. 며칠 후에 또 조심스럽게 뽑으려 합니다. 이 역시 쉽지 않습니다. 조심스럽게 뽑는다고 상처가 안 생기는 것도 아닙니다. 덤불을 잡을 때마다 새로운 상처가 나고 그래서 상처는 나을 줄 모릅니다. 가시덤불이 뽑히지 않으니 그 자리에 생산적인 작물도 심을 수 없지요. 시간을 끌수록 가시덤불은 자꾸 자라고 상처는 커질 뿐입니다.

구조조정은 가시덤불을 뽑는 것과 같습니다. 처음에는 아프지만 과감해야 합니다. 그래야 사람도 살고 조직도 사는 것입니다.

때로는 직격탄을 날려야 할 때가 있다. 하지만 직격탄을 맞은 사람은 순간적으로 당황하여 본능적으로 수비 자세를 갖추게 된다. '말이야 맞는 말이지만…' 하면서 이유를 갖다 대기 쉽다. 그럴 때는 비유법 같은 스리쿠션이 효과적이다. 직접 어젠다를 이야기하지 않지만 비유를 통해 메시지를 쉽게 전달하는 효과를 거둔다. 그것이 비유의 힘이다.

비유는 가장 강력한 커뮤니케이션 기술이다. 비유의 대가가 될 수 있다면 커뮤니케이션의 달인이 될 수 있다.

비유의 멋

예나 지금이나 정치인들은 늘 여러 가지 비판에 시달린다. 그리고 그 비판에 대응하는 방법도 다양하다. 남북전쟁 시 비판에 시달리던 링컨은 비판자들에게 다음과 같은 연설을 했다.

여러분, 지금부터 잠시 동안 어떤 경우에 대하여 상상해주십시오. 가령 지금 당신들의 재산이 모두 금이나 현금이라고 가정하십시오. 그것을 줄타기 명인인 브론딘에게 맡겨서 나이아가라 폭포 위에 쳐놓은 밧줄을 타고 운반해달라고 했다고 상상해보십시오. 그가 줄을 타고 가는데 당신은 밧줄을 흔들거나 "브론딘, 조금만 허리를 낮추게! 좀 더 빨리, 빨리!" 하고 소리를 지르시겠습니까? 그렇지 않을 겁니다. 한마디도 입을 떼지 못할 것이고, 숨을 죽이고 안전하게 건너갈 때까지 그저 지켜볼 것입니다.

우리 정부도 이와 같은 상태에 놓여 있습니다. 많은 무거운 짐을 짊어지고 폭풍이 몰아치는 저 넓은 바다를 건너가려 하고 있습니다. 미지의 보물이 그 손에 맡겨져 있습니다. 정부는 최선의 노력을 다하고 있습니다. 방해하지 말아주십시오. 그저 조용히 지켜봐주십시오. 그렇게만 한다면 반드시 무사히 난국을 헤쳐나갈 것입니다.

이 연설에 대해 어떻게 생각하는가? 다짜고짜 열심히 일하는데 뒷다리를 잡느냐고 따지고, 억울하다고 하소연하는 것에 비해 얼마나 효과적인가?

비유는 천재들의 유희다. 아무 상관 없어 보이는 것들을 절묘하게 연결하다 보면 미처 보지 못한 것들을 보게 되고 새로운 사실을 깨닫게 된다. 웃음이 생산되고 호소력도 높아진다.

삼성병원장을 지낸 하권익 박사는 비유를 잘 사용해 사람들을 많이 웃긴다. 하 박사는 삼성병원에서 일군 많은 성과를 인정받아 동국대병원장도 하고 철도병원장도 하게 되었다.

오랜만에 만난 사람들이 여러 병원을 두루 경영해보니까 소감이 어떠냐고 질문을 던졌다. 그는 이렇게 대답했다.

"처음에는 일반미를 먹었습니다. 그러다 두 번째는 공양미를 먹었고요. 현재는 정부미를 먹고 있는데 나쁘지 않더군요."

조선일보에 칼럼을 연재하는 유명한 사주명리학자 조용헌도 비유를 잘하기로 유명하다. 덕분에 그가 한 이야기는 귀에 쏙쏙 들어오고 기억에도 오래 남는다. 그가 동양학에 관해 한 이야기이다.

동양학에는 세 가지가 있습니다. 한의학, 풍수지리, 사주명리가 그것입니다. 처음에는 모두 인정을 받지 못하고 미신 취급을 받았습니다. 특히 서양 종교가 들어오면서 그런 현상이 더해졌지요. 하지만 경희대에 한의학과가 생기면서 한의학은 미신의 굴레를 벗어났습니다. 벗어난 정도가 아니라 최고의 학과로 탈바꿈하게 되었지요. 한마디로 시민권을 획득한 겁니다. 다음은 풍수지리였습니다. 서울대 최창조 교수가 최고의 자리를 박차고 나와 풍수지리를 본격적으로 공부하겠다고 선언한 것입니다. 이 사건으로 풍수지리를 보는 사람들의 눈이 달라졌습니다. 다시 말해 영주권 정도는 획득한 겁니다. 하지만 사주명리를 보는 사람들의 눈은 아직 싸늘합니다. 미아리, 계룡산을 떠올리며 이상한 사람 취급을 하지요. 아직 불법체류자로 생각하는 겁니다.

시민권, 영주권, 불법체류. 참 기막힌 비유가 아닐 수 없다.

한번은 몇몇 사람에 대한 평을 부탁한 적이 있었다. 그는 이런 답을 내놓았다.

"그 사람은 겉절이 같은 사람입니다. 깊은 맛은 없지만 얕은맛이 있지요. 아직 숙성은 덜 되었지만 그런대로 맛이 있습니다. 또 다른 사람은 묵은 김치 같습니다. 푹 익어 정말 먹을 만한 상태지요."

단순히 익었다 안 익었다고 표현하는 것보다 김치 비유를 사용한 덕분에 아직도 그가 한 말은 기억에 생생하다.

비유를 잘하기 위해서는 특징을 잡아내는 훈련이 필요하다. 사람의 캐리커처를 그릴 때와 같다. 다른 것은 잊어버리고 그 사람만이 갖고 있는 특징을 잡아내어 이를 확대재생산하는 것이 캐리커처다.

'쿨하다'와 '포스트잇'의 특징은 뭘까? 둘 다 잘 떨어진다는 것이다. 연애도 이처럼 해야 한다는 것이다. 듣는 순간, 정말 그러네 하며 무릎을 치게 된다.

다음으로는 전혀 상관없어 보이는 것을 연계하는 것이다. 돌비 시스템과 세탁기 사이에는 어떤 연관이 있을까? 깊은 관계가 있다. 처음으로 돌비 시스템을 만든 엔지니어가 아무 지식이 없는 아주머니들에게 돌비의 특징을 이야기하게 되었다. 아무리 이야기해도 이해를 못 하자 참다못한 다른 엔지니어가 다음과 같이 이야기했다.

"여러분, 세탁기는 무엇을 하는 물건입니까? 세탁물에서 때만을 찾아 없애는 기계입니다. 세탁물은 손상시키지 않고 그 안에 있는 때만 없애주지요. 돌비도 마찬가지입니다. 음은 손상시키지 않고 그 안에 있는 잡음만 제거해주는 겁니다."

이런 것이 비유다. 특징을 잡아내고 상관없어 보이는 대상 사이의 연결고리를 만들어주는 것이다. 하지만 결코 쉽지 않은 일이다. 그렇기 때문에 비유를 커뮤니케이션 수단으로 자유롭게 활용할 수 있다면 당신은 커뮤니케이션의 고수로 등극할 수 있다.

노사분규와 캠프파이어

예전에 다니던 회사는 노사분규의 메카 같은 곳이었다. 노조원들은 거기에 대단한 자부심을 갖고 있었다.

"우리는 그 살벌하던 전두환 정권 때부터 운동을 했다. 그러니 우리야말로 노동운동의 원조다!"

이러니 얼마나 회사가 노사분규로 몸살을 앓았겠는가. 걸핏하면 라인을 세우고 뛰쳐나와 빨간 띠 두르고 회사를 돌며 노래하고, 경영자들 나오라고 소리를 질렀다. 그러면 다음 프로세스는 언제나 정해진 것이나 다름없다. 관리자들 비상 소집하고 이어 담당 임원이 비장한 얼굴로 다음과 같이 외쳤다.

"파업으로 가면 안 됩니다. 하루 매출손실이 얼만지 아시죠? 주동자가 누구누군지 파악하세요. 직원별로 참여 가능성을 분석하고 일대일로 대응하세요. 어떻게 해서든 막아야 합니다. 필요한 것 있으면 이야기하세요, 회사에서 모든 지원을 아끼지 않을 겁니다."

하지만 나는 그런 생각이 들었다. 이 지경에 지금 와서 할 일이 뭐가 있겠는가? 미리미리 막아야 하는 것 아닌가?

그런 나의 생각을 정확하게 대신하는 이야기가 있어 신문에서 본한 칼럼을 여기에 소개한다.

노사분규는 캠프파이어와 비슷합니다. 캠프파이어를 하려면 필요한 것이 있습니다. 첫째, 성냥이나 라이터 같은 화염원입니다. 운동권 혹은 사건이 될 만한 실마리가 그것입니다. 둘째, 불붙이는 데 필요한 종이입니다. 처음부터 장작에 불이 붙지는 않습니다. 우선은 종이에 불을 붙여 장작에 불을 옮기는 것입니다. 일부 강경 세력 혹은 동조 세력이 그들입니다. 마지막으로 장작입니다. 장작이 있어야 캠프파이어를 할 수 있습니다. 라이터와 종이만 갖고는 놀지 못합니다. 장작은 일반 조합원입니다.

여러분 조직의 상태를 점검해보시기 바랍니다. 화염원은 어떤 상태인지, 종이는 있는지, 장작은 어떠한지…. 산불도 비슷합니다. 산불은 어느 때 나요? 건조할 때 납니다. 건조주의보가 내려지면 불붙을 확률이 높긴 하지만 모든 산에 산불이 나는 것은 아닙니다. 관리자들이 할 일은 장작을 촉촉하게 하는 것입니다. 촉촉한 장작은 아무리 불을 붙이려고 해도 불이 붙지 않습니다.

노사분규가 잦은 회사의 특징은 무엇인가? 평소에는 무관심하다가 무슨 분규가 시작되면 그때 난리를 친다는 것이다. 장작 관리를 하지 않는 것이다. 바짝 마른 장작은 언제라도 불붙을 만반의 준비가 되어 있다. 그들은 화염원과 종이만을 기다릴 뿐이다.

그렇다면 관리자의 임무는 무엇일까? 그것은 너무나 명확하다. 평소에 장작을 촉촉하게 해놓는 것이다. 관심과 애정을 보이고 신뢰관계를 형성하여 장작이 마를 틈을 주지 않는 것이다. 늘 장작이 건조하지 않은지 파악해야 한다. 물론 성냥과 종이도 체크해야 한다. 장작이 다소 축축하더라도 화염원이 세고 종이가 많으면 역시 불이 붙기 때문이다.

그저 직원 관리를 잘하라고 이야기하는 것보다 얼마나 머리에 쏙쏙 들어오는가? 얼마나 메시지가 명확한가?

그렇기 때문에 어떤 이슈에 대해 메시지를 던지고 싶을 때는 비유 대상을 잘 찾아야 한다. 그러기 위해서는 평소 사물을 자세히 관찰하고 깊이 생각하는 훈련을 해야만 한다. 그리고 두 대상 사이의 공통된 특징을 잡아내야 한다.

어떤 사람이 고속도로를 과속으로 달리다 단속에 걸렸다. 한 번만 봐달라고 사정을 했지만 경찰은 봐주지 않았다. 마침 그때 옆으로 과속하는 차가 쌩하고 지나갔다. 그러자 억울하다고 생각한 사람이 경찰에게 따졌다.

"왜 저 사람은 잡지 않고 나만 잡습니까?"

그러자 경찰이 딱지를 떼며 이렇게 대꾸했다.

"낚시터에 가면 거기 있는 고기를 다 잡아 옵니까?"

할 말이 없어진 운전자가 다시 딱지를 내밀며 이렇게 말했다.

"방생이란 것도 있지 않습니까?"

이 얼마나 재치 있는 비유인가? 비유는 소통을 명확하게 하고 삶에 윤기를 더하는 존재다.

여기서 생각해볼 것들

1. 그동안 들었던 비유 중 가장 인상적인 것은 무엇인가?
2. 왜 인상적이었는가?
3. 내가 하고 싶은 이야기를 비유로 한다면 어떻게 할 것인가?
4. 비유를 사용했을 때와 사용하지 않았을 때의 차이점은 무엇인가?
5. 주변에 비유를 잘 사용하는 사람을 찾고 관찰해보라. 배운 점은 무엇인가?

모순되게
말하라

"21세기의 이완용은 어떤 모습일까요?"라는 질문을 받은 적이 있다. 최근 들었던 중 가장 도발적인 질문이었다. 나는 순간 패닉 상태에 빠지고 말았다. 만일 그 사람이 "나라를 사랑한다는 것은 어떤 의미일까요?"라고 물었다면 나는 이런 생각을 했을 것이다. '밥 잘 먹고 왜 그런 지루한 주제를 던지는 거야!'

정보화시대에 가장 나쁜 사람은 어떤 사람일까? 뻔한 소리, 남들 다 아는 이야기, 신문과 뉴스에 여러 번 소개된 이야기를 반복하는 사람이다. 그럴 때는 어떤 태도를 취해야 할지 참으로 난감하다. 모르는 척하고 들어야 하는지, 아니면 정색을 하면서 그 이야기는 알고 있으니 다른 이야기를 하자고 해야 하는 것인지.

하늘 아래 새로운 것은 없다지만 뻔한 것을 새롭게 하는 방법은 있다. 그중 하나가 바로 모순어법이다. 모순어법이란 표현이나 주장을 강조하기 위해 서로 양립할 수 없거나 모순적인 단어들을 결합한 수사법을 말한다. 모순어법의 임팩트가 큰 것은 극과 극은 통하기 때문이다.

모순어법으로 이루어진 격언이 좋은 이유는 많은 지적 자극을 주기 때문이다. 여기에 몇 가지를 소개한다.

> 만나는 사람마다 아는 척을 할 만큼 많은 벗을 가진 사람은 단 한 사람의 벗도 없는 것과 같다. ―아리스토텔레스

이 말을 듣는 순간 마당발로 유명한 모 정치인이 떠올랐다. 잘 안다는 사람만 2,000명이 넘고 조찬도 몇 탕, 저녁 식사도 몇 번씩 하면서 모든 정력을 네트워킹에 쏟는다고 한다. 나는 도저히 이해할 수 없었다. 그렇게 많은 사람을 알아서 뭘 어쩌자는 것인가? 또 물리적으로 가능한 일인가?

내가 내린 결론은 명확하다. 감정도, 에너지도, 시간도 모두 제한된 자원이다. 어떻게 2,000명이나 되는 사람들과 감정을 나눌 수 있겠는가? 그것은 사기이거나 착각이다. 서로 알고는 지내겠지만 참된 앎은 아니다. 그저 아는 척을 하거나 알고 있다고 잘못 생각하고 있는 것이다.

> 국가는 전쟁 중일 때 오히려 평화롭다. ―휴 킹스밀

9·11 사태 후에 휴 킹스밀이 했다는 말이다. 당연하다. 공동의 적은 내부를 단단하게 해준다. 사장이 못되게 굴면 직원들은 사장을 욕하면서 똘똘 뭉친다. 사장 덕분에 내부 단합만큼은 끝내주게 좋아진다. 친구 사이도 그렇다. 이상한 친구를 같이 흉보는 것만큼 신나는 일은 없다. 헐뜯다 보면 시간 가는 줄 모르고 감정을 공유하면서 친밀감을 느끼게 된다. 물론 분명히 잘못된 단합이고 언제라도 무너질 수밖에 없는 감정이다.

전쟁 중에 국내문제로 속을 썩는 정치인은 없다. 'trouble'이 있으면 'travel'을 하는 대통령이 있다. 국내문제가 골치 아프니까 해외로 도피하는 것이다. 내가 아는 고위 임원 중에도 그런 사람이 있었다. 국내에서는 휴일도 없이 근무하다가 2주나 3주에 한 번씩 해외출장을 간다.

가장 확신이 없을 때 사람들은 가장 독선적이 된다. ─갤브레이스

자신에 대한 조그만 지적도 절대 못 참는 사람이 있다. 그것이 진실이기 때문이다. 정말 실력이 있는 교수는 다른 사람들이 무슨 비판을 해도 개의치 않는다. 진실이 아니라는 것을 본인이 확신하기 때문이다. 반면에 실제 무능한 사람은 펄펄 뛸 수밖에 없다. 자기만 알고 숨겨둔 진실이 발각되었기 때문이다. 목소리가 필요 이상으로 크다거나 사소한 일에 신경질적인 반응을 보이는 것은 그것을 인정하는 것과 같다. 모순어법의 격언 몇 가지를 더 소개하겠다.

은행은 돈이 필요치 않다는 것이 증명된 사람들에게 돈을 빌려주는 곳이다. -보브 호프

확신할 수 있는 단 한 가지 사실은 세상에 확신할 수 있는 것은 아무것도 없다는 사실이다. -서머싯 몸

우리가 역사에서 배우는 것은 역사로부터 아무것도 배우지 못한다는 사실이다. -헤겔

외로움을 이기기 위해 결혼하는 사람은 프라이팬에서 나와 불 속으로 뛰어드는 것이다. -미상

한마디 한마디가 가슴에 와 박히고 막연하던 것이 머릿속에 깔끔하게 정리된다. 이처럼 격언식 표현은 강력한 커뮤니케이션을 위한 좋은 도구가 될 수 있다. 특히 모순어법이 그렇다. 역설은 진실을 밝히는 강력한 장치다.

커뮤니케이션 코칭
엉뚱하게 일하는 직원 길들이는 법

저는 되도록 간단하면서도 구체적으로 지시하는 편입니다. 그런데 간혹 지시사항과 다른 엉뚱한 결과물을 가져오는 직원이 있습니다. 그 직원이 제대로 알아듣고 일을 할 수 있도록 하려면 어떻게 하면 좋을까요?

사람은 모두 제각각입니다. 그렇기 때문에 접근 방법을 조금씩 달리해야 합니다. 커뮤니케이션도 그렇습니다. 하나를 이야기하면 열을 아는 직원이 있습니다. 반대로 실컷 이야기했는데도 엉뚱한 일을 하는 사람이 있습니다. 커뮤니케이션 에러를 보이는 직원에게는 브리프 백(brief-back) 방법을 적용해보세요. 간단합니다. 마지막에 이렇게 이야기하는 겁니다. "자네가 최종적으로 이해한 것을 나한테 설명해주겠나?"라고 요청하는 겁니다. 직원의 이야기를 들으면서 맞는 부분은 맞다고 하고 어긋난 부분은 어긋났다고 이야기하면서 갭을 줄이는 겁니다. 또 최종 결과물이 나오기 전에 수시로 점검하는 것도 필요합니다. 점검 시점과 점검 방법을 사전에 약속하는 것도 잊지 마세요. 그런 프로세스를 몇 번 거치면서 궁합을 맞추어나가는 겁니다. 처음부터 손발이 척척 맞는 경우는 거의 없습니다.

팀장 회의를 마치고 나서 이야기를 나누다 보면 회의 자리에서 사장이 한 말을 서로 다르게 해석하고 있다는 걸 알게 됩니다. 더구나 뭐가 더 중요한지를 따지다 보면 그 차이는 더 벌어집니다.

왜 이런 현상이 일어나는 것일까요? 제가 보기엔 꼭 사장의 말이 애매모호해서 그런 것 같지는 않은데….

당연하지요. 사람은 모두 다르기 때문에 똑같은 사건과 이야기를 동시에 보고 들어도 다르게 해석합니다. 사실 다르게 해석하는 것이 나쁠 것은 없습니다. 오히려 다른 면을 보기 때문에 서로 보완하는 경우도 많습니다. 중요한 것은 의견 차이가 발생했을 때 어떻게 대응하느냐입니다.

어느 것이 가장 바람직할까요? 당사자에게 직접 물어보는 겁니다. 이러이러한 의견들이 나왔는데 사장님의 의도는 어떤 것인지를 재확인하는 것이지요. 하지만 많은 조직에서 이렇게 하지 않습니다. 질책받을까 두렵기도 하고 귀찮기도 하니까요. 문제는 이것입니다. 충분히 논의하고 갭이 있을 때는 그냥 물어보면 됩니다. 그게 그렇게 어려운 일일까요?

최악은 아무도 깊이 생각하지 않는 것입니다. 그럴 경우 대개는 만장일치, 전원합의라는 포장된 형식으로 의사결정이 이루어집니다. 그래서 슬론 전 GM 회장은 만장일치로 결정이 나면 이를 보류시켰습니다. 아무도 깊이 고민하지 않은 이런 의사결정에는 반드시 위험 요소가 있다고 생각하기 때문입니다.

공감을
얻어내라

타인과 공감할 수 있는 능력은 인류에게 주어진 훌륭한 선물이다.
- 메릴 스트립

대중강연을 업으로 하는 내가 가장 많이 신경을 쓰는 부분은 청중과 공감대를 형성하는 일이다. 그리고 그것은 처음 5분 안에 결판이 난다. 공감대를 형성하지 못하면 내 이야기를 제대로 전달하기 어렵다. 임원코칭도 그렇다. 코칭은 상대의 강점과 약점을 파악하고 목표를 정해서 스스로 답을 찾게끔 도와주는 과정이다. 그러기 위해서는 처음 만난 상대의 호감을 사고 무장해제를 시켜 여러 이야기를 솔직하게 털어놓게 해야 한다.

공감대 형성이 이루어지지 않으면 상대는 취조를 받는다는 느낌을 가질 것이고 성공적인 코칭은 이루어지기 힘들 것이다. 그러므로 공감대 형성은 필수적이다.

변호사의 성공 여부도 공감능력에 달려 있다. 사실 전문성이란 것은 거기서 거기다. 또 정보통신의 발달 덕분에 고객들도 법률적인 부분에 대해서는 어느 정도 상식을 갖고 있다. 성공한 변호사들은 고객들과 잘 공감하고, 숨은 의도를 이해하고, 그들이 진짜 필요로 하는 것을 잘 읽어낸다. 의사의 경우도 그렇다. 공감능력은 진료 성과와도 밀접한 관계가 있다. 공감하지 않고는 환자의 상태를 정확히 진단할 수 없다. 의사가 자신에 대해 공감한다는 느낌을 가질 때 비로소 환자는 안심하고 자기 이야기를 하기 때문이다. 컴퓨터는 공감을 하지 못한다. 공감은 인간만이 가진 능력이다.

공감을 불러일으키려면 어떻게 해야 할까?

첫째, 상대의 감정을 읽어낼 수 있어야 한다. 사람들은 자신의 감정을 말로만 표현하는 것이 아니라 얼굴 표정이나 몸짓을 통해서도 전달한다.

얼굴은 감정을 표현하는 캔버스다. 사람들은 눈, 입, 볼, 눈썹, 이마 등을 늘이거나 수축시키는 43개의 근육을 통해 감정을 전달한다. 공감하기 위해서는 상대의 감정을 나타내는 비언어적인 표정이나 제스처 등을 잘 읽을 수 있어야 한다. 상대가 마음의 문을 열었는지, 아니면 아직 마음의 준비가 되지 않았는지, 진실을 이야기하는지 겉도는 이야기를 하는 것은 아닌지, 지루해하는지 아닌지 등을 볼 수 있어야 한다.

둘째, 다른 사람의 입장에서 생각할 수 있어야 한다. 의사가 환자를 마구 대하고 있다면 그것은 의사가 환자와 환자의 가족이 지금 어떤 상태에 있는지 마음이 미치지 못해서이다. 환자 경험이 있는 의사라면 환자를 대하는 것이 다를 수밖에 없다. 그래서 UCLA 의대는 2학년생을 대상으로 1일 입원환자 체험 프로그램을 운영해서 환자들과의 공감대를 형성해나갈 수 있도록 준비한다. 기업주가 경영권을 물려줄 때 자식에게 밑바닥 경험을 시키는 것도 사실은 공감능력을 키우려는 조치의 하나이다.

셋째, 자신의 문을 먼저 여는 것이다. 내 문을 닫고 상대의 문이 열리기를 바랄 수는 없다. 상대의 문을 여는 최고의 방법은 자신의 문을 먼저 여는 것이다. 상대가 솔직하게 자기 이야기를 하면 사람들은 신뢰를 보내고 자기도 모르게 마음의 문을 연다.

나는 처음 하는 강의 때나 소개받는 자리에 가면 나 자신에 대해 여러 가지 이야기를 한다. 학교는 어디를 나왔고, 직장은 어디를 다녔고, 지금은 어디 살며 애들은 어떻고…. 가능한 한 소상히 내 이야기를 하면 사람들은 호기심을 갖고 경청한다. 내 이야기를 솔직히 한 경우와 그렇지 않은 경우에 청중의 눈빛이 다르다.

넷째, 그들에 관해 공부하고 진심으로 그들에게 공감해주는 것이다. 사람들은 이해받고 위로받고 싶어 한다. 상대가 나를 알고 내 처지를 이해한다는 느낌이 들면 마음가짐이 달라진다. 그렇기 때문에 만나기 전에 상대에 관해 최대한 많은 정보를 수집하고 이를 바탕으로 이야기를 풀어가야 한다.

어떻게 공감할 것이냐는 소통의 필수조건이다. 거의 망하기 직전

상태에서 살아난 모 기업에서 강의한 적이 있다. 나는 이런 말로 강의를 시작했다.

"여러 경로를 통해 이 회사에 대해 들었습니다. 한동안 잘나가다가 여러 이유로 힘들었다는 이야기도 들었습니다. 그렇지만 다시 힘을 모아 재기를 꾀하는 중이고 새로운 기회를 맞아 도약의 발판을 마련하기 위해 오늘 이 자리를 마련했다는 이야기도 들었습니다. 그동안 얼마나 마음고생이 심하셨습니까? 잘 이겨내고 오늘 이 자리까지 오신 여러분들을 진심으로 위로하고 격려하고 싶습니다."

나의 이야기를 듣고 사람들의 눈빛이 빛나기 시작했다. 내가 자신들에 대해 알고 있고 어느 정도 이해를 한다고 생각했기 때문이다.

공감대가 형성되지 않으면 커뮤니케이션은 이루어지지 않는다. 상대가 나에 대해 공감하고 있다고 생각해야 비로소 커뮤니케이션 채널이 작동하기 때문이다.

감성은 논리보다 강하다

이성이 인간을 만들어낸다면 감정은 인간을 이끌어간다. 생각이 엔진이라면 감정은 가솔린이다. 결국 인간을 움직이는 힘은 감정에서 나온다.

커뮤니케이션도 그렇다. 물론 논리가 있어야 한다. 논리가 없으면 사람들은 의심을 품는다. '왜 그렇지?'라고 생각하게 된다. 하지만 논리만으로 충분한 것은 아니다. 사람을 움직이려면 마음을 움직여야 하고 그러기 위해서는 감정을 움직여야 한다. 감정을 움직일 수 있다면 막강한 영향력을 행사할 수 있다.

내가 쓴 두 번째 책은 『40대에 다시 쓰는 내 인생의 이력서』이다. 대기업을 다니다 그만두고 컨설턴트로서 새롭게 출발하는 과정을 담은 책이다. 내가 쓴 글이 대부분이고 집사람과 큰딸 화영이의 글도 실었다. 나의 변화과정을 옆에서 지켜본 가족이 이야기하는 형식이었다. 경제적으로 힘들었던 이야기, 차가 없어 자전거를 타고 다녔던 이야기 등이다. 그런데 그 책을 읽은 지인들은 하나같이 내 글보다 집사람과 딸아이의 글이 훨씬 감동적이었다고 입을 모았는데, 그것은 무엇보다 당시 심정을 솔직하고 담담하게 그렸기 때문일 것이다. 그때 나는 깨달았다. 논리적인 메시지를 담고 누군가를 가르치려 하는 글보다는 자신의 솔직한 심정을 그린 글이 사람의 마음을 움직인다는 사실을 말이다.

모든 커뮤니케이션이 그렇다. 감정을 움직일 수 있다면 사람에게 감동을 줄 수 있다. 연설도 그러하다. 2005년 청룡영화제에서 「너는 내 운명」이라는 영화로 남우주연상을 받은 황정민의 소감이 그랬다.

"저는 일개 배우 나부랭이입니다. 60여 명의 스태프가 차려놓은 밥상에서 저는 그저 맛있게 먹기만 하면 되기 때문입니다. (중략) 항상 제 옆에 있는 것만으로도 나를 설레게 하고 현장에서 열심히 할 수 있게 해준 전도연 씨. 너랑 같이 연기하게 된 건 내겐 정말 기적 같은 일이었어. 마지막으로 황정민의 운명인 집사람에게 이 상을 바칩니다."

짤막한 연설이었지만 감동은 컸다. 처음부터 자신을 낮추고 주변 사람들에게 영광을 돌린 것, 전도연 씨에게 한 솔직한 고백도 멋지다. 전도연 씨에게 과도한 감정표현을 한 것이 마음에 걸린 듯 영화 제목에 빗대어 아내에 대한 사랑을 표현한 마무리도 일품이다.

모호한 말은 거짓말의 시작이다. 솔직하기 위해서는 용기가 필요하고 비용도 많이 든다. 하지만 모든 문제를 간단하게 해주고 덤으로 감동까지 준다. '조금 이상한데'라고 속으로 갸웃하고 있는데 모호하게 돌려서 말을 하면 사람들은 의심을 품기 시작한다. 반대로 진실을 이야기하면 사람들은 공감하고 감동한다.

2000년 8월 10일, 빌 클린턴은 시카고의 목사 모임인 윌로우크릭의 리더십 콘퍼런스에 초청받았다. 당시 클린턴은 한 여성과의 스캔들로 몹시 난처한 처지였다. 그래서 모임에서도 그를 초청하는 것이 적절한지에 대해 찬반이 엇갈렸다.

클린턴은 초췌한 모습으로 이렇게 말문을 열었다.

막스 베버는 말했습니다. "정치에 뛰어드는 모든 사람은 자신의 영혼을 잃어버릴 각오를 해야 한다"고. 저는 권력이 사람의 내적 세계를 얼마나 황폐하게 만들 수 있는지 몰랐습니다. 저는 정말 씻을 수 없는 도덕적 실수를 저질렀고, 그로 인해 제 삶이 망가졌고, 가족에게도 상처를 주었습니다. 저는 제 삶을 아주 힘겹게 조금씩 재건해가는 중입니다. (중략) 또 저를 초청한 빌 하이벨스 목사님이 미국 교회 지도자들로부터 많은 비난을 받

아 가슴이 아픕니다. 하지만 저는 정말 외로웠고 누군가 이야기
할 사람이 필요했습니다. 그런데 빌 하이벨스 목사님은 저를 포
기하지 않았습니다.

정치가에게는 정말 목사가 필요합니다. 저만 봐도 그것을 알
수 있지 않습니까? 병자에게 의사가 필요한 것처럼 저 같은 사
람에게는 교회가 더 필요합니다.

이 이상 솔직할 수 있을까? 이 연설을 듣고도 계속 클린턴을 비난
할 사람이 있을까? 그날 참석한 4,000명의 사람들은 감동에 사로잡혀
퇴장하는 클린턴에게 기립박수를 보냈다.

호암상은 누구에게나 큰 명예로 다가오는 상이다. 게다가 부상으
로 거액의 상금을 준다.

2005년 수상자 중 비교적 젊은 40대의 최용원 박사는 "하늘에 계신
아버지가 지금 함께하고 계신 것 같습니다"라고 말한 후 객석에 있는
어머니를 향해 "이 상은 엄마 겁니다"라고 해서 사람들을 감동시켰
다. 이어 등장한 75세의 소설가 박완서 씨는 "이 나이가 됐는데도 엄
마 생각이 나네요"라고 말하여 그 감동을 이어갔다.

무미건조한 이야기를 듣는 것은 고통이다. 논리적이기만 하고 누
군가를 가르치려고만 하는 이야기 역시 재미없다. 아무런 감동을 주
지 못하기 때문이다. 사람을 감동시키기 위해서는 감정을 건드려야
하고 이는 자신을 솔직하게 드러낼 때 가능하다.

마음의 논리는 이성으로 설명되지 않는다. —파스칼

감정표현에는 절제를

사람의 마음을 움직이는 것은 논리보다는 감정이지만 이 역시 적절한 것이 바람직하다. 팔을 걷어붙이고 고래고래 소리를 지르면서 "이 연사, 여러분에게 소리 높여 호소합니다" 어쩌고 하면서 웅변을 하는 사람들을 떠올려보라. 이런 연설에 감동을 받아 마음을 바꾸는 사람이 있을까? 연설자나 듣는 자나 참으로 딱한 노릇이다. 이 나라를 바꿀 수 있는 것은 이 사람밖에 없다며 누군가를 핏대를 올리면서 비난하고 표를 달라고 외치는 정치인도 그 비슷하다. 흥분하고, 소리를 지르고, 심지어 울기까지 하는 정치인을 보면 '저렇게 자기 마음도 못 다스리고 감정통제를 못 하는 사람이 무슨 정치를 하겠다는 것인가'라는 생각이 절로 들고 조금 남아 있던 신뢰마저 완전히 사라지는 것을 느낀다.

미국 대통령 선거에서 있었던 일이다. 선두를 달리던 민주당 후보 하워드 딘 전 버몬트 주지사가 감정적인 연설 때문에 3위로 추락한 일이 발생했다. 청중은 '미국 대통령 후보가 되겠다는 사람이 저렇게 짐승처럼 울부짖으며 악을 쓰다니…' 하는 반응을 보였다. 그의 연설은 선거기간 내내 미국 언론의 조롱거리가 되었다. 방송사들은 얼굴이 시뻘게지도록 목청을 높이는 딘의 연설 장면을 반복해서 틀어댔고,

라디오방송은 딘의 절규를 리믹스한 음악을 내보냈다. 딘이 소리 지르는 것을 자명종 소리로 쓰면 좋겠다는 우스갯소리까지 등장했다.

워싱턴의 정치평론가들은 TV토론에서 딘 같은 사람에게 미국의 앞날을 맡기고 안심할 수는 없을 것이라고 우려했다. 너무 감정적인 연설 때문에 그는 정치가로서 더 이상 클 수 없었다.

사람들은 까다롭다. 변화와 개혁도 좋지만 지도자가 지녀야 할 기본 자질을 더 유심히 관찰한다. 정떨어지게 차가운 성격도 싫어하지만, 지나친 감정의 폭발에도 거부감을 나타낸다.

1988년 민주당 대선후보였던 마이클 듀카키스는 부인이 강간당한다고 해도 사형제도에는 반대한다고 주장해서 유권자의 마음을 싸늘히 식게 만들었다. 1972년 민주당의 에드 머스키는 한 신문에 실린 부인에 대한 비난을 해명하다가 거의 울 뻔한 사건 때문에 돌이킬 수 없는 타격을 입었다.

이야기를 하다 보면 열을 낼 수도 있다. 감정이 복받쳐 울 수도 있다. 자기도 모르게 소리를 지를 수도 있다. 하지만 문제는 그것이 때와 장소, 상황에 맞느냐 하는 것이다.

면접 장소에서 우는 사람을 본 적이 있다. 자신의 불우한 과거가 떠올라 울었다는 것은 알겠는데, 그래서 어쩌라는 것인지 참 난감했다.

별것 아닌 어젠다로 열을 내는 사람을 볼 때도 비슷한 생각이 든다. 그게 그렇게 흥분할 만한 이야기인가? 그렇다면 저 사람은 하루에 도대체 몇 번이나 열을 낼까? 정작 흥분할 어젠다에는 혹시 둔감한 사람이 아닌지 의심이 간다. 이성적으로 차분하게 이야기해야 할 장소에서 근거 없이 그저 상대를 비난하느라 목청을 높이는 사람을 볼 때도 비슷한 생각이 든다.

감정 폭발은 이성이 부족한 결과다. 어리석은 사람은 쉽게 격분한다. 냉정을 잃지 않는 것이야말로 성숙한 인간의 징표이다.

티베트의 고산지대에 있는 호텔에는 이런 경고문이 적혀 있다.

'덥다고 문을 열어놓고 자면 얼어 죽을 수 있습니다. 그렇다고 문을 닫고 자면 산소 부족으로 사망할 수 있습니다.'

이처럼 세상만사는 균형과 조화를 어떻게 이루느냐에 달려 있다. 커뮤니케이션도 그렇다. 논리에만 의존해 딱딱하게 커뮤니케이션하게 되면 전달력이 떨어진다. 솔직한 것이 좋다고 공공장소에서 할 소리 안 할 소리를 다 하는 것 역시 신뢰를 떨어뜨린다. 논리는 무시한 채 감정에만 치우쳐 소리를 지르고 열을 받고 하는 것도 바람직하지 않다. 중요한 것은 균형이다. 이성적인 것과 감정적인 것의 균형, 드러낼 것과 드러내지 않을 것의 조화, 공식적으로 이야기할 것과 비공식적으로 이야기할 것의 구분, 이 모두가 조화를 이룰 때 효과적인 커뮤니케이션이 이루어질 수 있다.

여기서 생각해볼 것들

1. 나는 사람들을 얼마나 진실하게 대하는가?
2. 진실을 숨기는 경우가 있다면 이유는 무엇인가?
3. 나는 어떤 스타일인가? 감정적인가, 이성적인가?
4. 조화와 균형을 이루기 위해서는 어떤 노력을 기울여야 할까?

상대방의 마음을 읽는 법

공감을 얻기 위해 상대방의 마음 상태를 살피는 일은 참으로 중요합니다. 그런데 그걸 어떻게 읽어낼 수 있죠? 얼굴 표정이나 태도에서 금방 드러나는 사람이야 별문제 없겠지만 속마음을 전혀 알 수 없는 사람도 있는데….

맞는 말씀입니다. 직급이 높을수록, 나이가 많을수록, 배운 게 많을수록 사람들의 필터는 두꺼워집니다. 그 감정의 필터를 통과하기는 너무 힘듭니다. 너무 많은 에너지가 들어가는 일입니다. 웬만해서는 감동도 안 하고 감정도 드러내지 않습니다. 무슨 생각을 하는지 도대체 알 수 없는 사람도 있습니다. 사실 이런 사람을 상대로 액티브한 커뮤니케이션을 하기란 결코 쉬운 일이 아닙니다.

그럴 때는 직격탄을 날리는 것도 방법입니다. 건강한 시비를 거는 거지요. "어디가 안 좋으신 것 같은데 무슨 일이 있나요?" "제가 어떻게 해드리면 될까요?"라고 말입니다.

그러면 대부분은 미안해하면서 표정을 바꿉니다. 대부분은 특별한 이유가 없습니다. 오랫동안 냉랭한 표정으로 있다 보니 습관이 되었을 뿐인 거지요.

특별한 사정이 있는 경우에는 그것에 공감을 표해주는 것도 좋습니다. 격려할 일이 있다면 칭찬으로 말문을 열어보세요.

솔직하게 속마음을 열어 보이는 것은 사람 사이의 간극을 없애주는 첩경입니다. 사실 가장 어려운 일이지요. 하지만 이것만큼 중요한 관문도 없습니다. 강의도 그렇고 연설도 그렇고 처음 5분이 제일 중요합니다. 제 경험으로 보아도 이 짧은 시간에 성공 여부가 판가름 납니다.

무표정하고 냉정해 보이는 사람일수록 속은 여린 사람이 많습니다. 이런 분들과 공감대를 형성할 수 있다면 그다음은 일사천리입니다.

탁월한
스토리텔러가 되어라

골프에 빗댄 경영학 강의로 잘 알려진 콤비마케팅연구원 김광호 원장은 타고난 이야기꾼이다. 어려운 말은 한마디도 쓰지 않는다. 열심히 살라고 이야기하지도 않는다. 구수한 입담으로 옛날이야기를 하듯 강의한다. 거기서 어떤 교훈을 끌어내는 것은 청중의 몫이다.

정진홍 전 중앙일보 논설위원 역시 발군의 이야기꾼이다. 동서고금을 왔다 갔다 하며 역사적 사실과 그에 얽힌 이야기를 듣다 보면 정말 시간 가는 줄 모른다.

같은 이야기도 수업 시간에 강의하듯 하면 사람들은 흥미를 잃는다. 반대로 할머니가 옛날이야기를 해주듯 하면 흥미가 배가된다.

이야기에서 팩트(fact)의 중요성을 빼놓을 수 없지만 팩트만 가지고는 아무런 감흥도 불러일으키지 못한다. 세종대왕이 성군이었다는 사실만으로는 세종대왕의 진면목을 효과적으로 전달하기 어렵다. 하지만 "세종은 오랜 가뭄이 들자 손수 경복궁 안에 초막을 짓고 거친 밥과 나물로 끼니를 이었다고 한다. 신하들이 편히 드시고 주무실 것을 권했지만 백성들이 굶주리는데 어찌 왕이 편하게 잠을 잘 수 있겠느냐며 이를 마다했다"는 이야기를 들으면 세종에 대해 무한한 신뢰와 애정이 생긴다.

스토리텔링을 잘하려면 어떤 분야를 막론하고 해박한 지식이 있어야 한다. 소설도 많이 읽고 고전에 대해서도 두루 꿰고 있어야 한다. 신화도 알고 산 경험도 많이 쌓아야 한다. 이러한 것들이 모이고 쌓여 풍성한 이야깃거리를 만드는 것이다.

김광호 원장이 이야기를 잘하는 것은 무엇보다 경험이 많기 때문이다. 산전수전 겪으면서 얻은 이런저런 경험이 그의 핏속에 녹아 있는 것이다. 정진홍 박사의 경우는 아버지 덕분이다. 오랫동안 병으로 누워 계신 아버지가 있었다. 막내였던 그는 아버지에게 재미있는 이야기를 해주는 것이 책임이자 즐거움이었다. 학교에서 있었던 일, 책에서 본 것 등을 정리해서 아버지에게 들려주다 보니 어느새 스토리텔러가 된 것이다.

스토리텔링을 잘하려면 이야기에서 메시지를 끄집어낼 줄 알아야 한다. 이야기가 이야기로만 그치면 전설 따라 삼천리 수준을 넘지 못한다. 그렇기 때문에 필요한 이야기를 정리하면서 '그 이야기가 주려고 하는 메시지는 무엇일까? 어떤 교훈을 얻을 수 있을까? 실생활에는 어떻게 응용할 수 있을까? 비슷한 종류의 이야기에는 어떤 것이 있을까?' 등을 고려해야 한다. 그렇게 해서 이야기 창고를 주제별로 분류할 수 있다.

뛰어난 스토리텔러가 되려면 무엇보다 호기심이 많아야 한다. 사실 조금만 관심을 기울이면 얼마든지 재미있는 이야기를 찾을 수 있고 응용할 수 있다. 이야기의 보물창고 중 최고는 역사책이다. 이덕일은 역사 속에서 재미있는 이야깃거리를 찾아 즐거움을 주는 사람이다. 아래 이야기는 그가 쓴 『조선 최대 갑부 역관』에서 찾은 것이다.

임진왜란 때 어려웠던 명나라가 위험을 무릅쓰고 조선을 도와준 이유를 알고 있는가? 역관(통역사)으로 일했던 홍순언 때문이다.

그가 역관으로 연경에 갔을 때 청루에서 놀다 아리따운 여인과 하룻밤 인연을 맺고자 하였다. 그런데 소복 차림인 여인의 모습이 이상하여 물어보니 사연이 심상치 않다. 갑자기 부모가 세상을 떠나 장례를 치러야 하는데 돈이 없어 할 수 없이 몸을 팔러 온 것이다. 홍순언이 비용을 물으니 300금이란다. 그는 아무 말 없이 공금으로 갖고 온 돈을 탁탁 털어주고 여인을 돌려보낸다. 이름을 묻는 여인에게 성씨만을 가르쳐주고 조선으로 돌아온 그는 공금횡령 혐의로 구속되고 죽음을 기다리는 처지가 된다.

그런데 당시 조선은 종계변무(宗系辨誣 : 이성계 족보에 대한 명나라 기록을 고치는 일)로 골치를 썩인다. 명나라에 10여 명의 사신까지 파견했으나 끝내 목적한 일을 이루지 못한다. 그 때문에 임금은 대로하고 마지막으로 이런 교지를 내린다. "이번에도 시정하지 못하면 역관의 목을 베겠다!"

그러니 어느 역관이 그 일을 수행하려 들겠는가? 그때 역관들은 홍순언을 생각한다. 어차피 죽을 목숨이니 종계변무 해결을 위해 홍순언을 파견하자는 것이다. 이래 죽으나 저래 죽으나 마찬가지였던 홍순언은 그 일을 위해 명나라로 간다.

뜻밖에도 당시 높은 관직에 있던 예부의 석시랑이 순언을 마중하여 극진히 대접한다. 알고 보니 예전에 청루에서 만난 그 여인이 석시랑의 부인이 되어 있었던 것이다. 홍순언 덕분에 딱한 사정에서 벗어날 수 있었던 여인은 그가 온다는 소식을 접하고 남편에게 특별히 부탁하여 순언을 돕는다.

홍순언은 목숨을 걸고 노력한 석시랑의 은혜를 입어 가장 어려웠던 종계변무도 해결하고, 이어서 발생한 임진왜란에서 명나라의 지원도 받게 된다.

흔히 덕을 쌓으면 언젠가 그 도움을 받는다고 한다. 하지만 이 이치를 실제 있었던 일을 들어 설명하면 그 효과는 배가된다.

사람들에게 마약과 알코올의 위험성을 이야기한다고 하면 당신은 어떤 방법을 사용하겠는가? 알코올을 섭취하는 것이 건강에 해로울

뿐만 아니라 기억력을 손상시켜 일생을 불행하게 만든다고 이야기하면 사람들은 어떤 반응을 보일까? 알코올중독자 사진을 보여주면 어느 정도 호응을 끌어낼까? 대신 다음과 같은 스토리를 들려준다면 어떨까?

여러분, 에스키모인들이 늑대를 잡는 방법을 알고 계십니까? 에스키모인들은 면도칼처럼 날카로운 칼에 피를 흠뻑 묻힌 다음 그것을 얼립니다. 그리고 날카로운 칼날이 위쪽을 향하게 한 뒤 얼어붙은 땅속에 손잡이를 박아놓지요.

피 냄새를 맡은 늑대는 칼을 찾아 그것을 핥기 시작합니다. 칼이 녹으면서 늑대는 날카로운 칼에 혀를 다칩니다. 피가 나오기 시작하지요. 하지만 얼어서 무감각해진 늑대는 눈치채지 못합니다. 자신의 피를 자신이 빠는 줄도 모르고 더욱 빠른 속도로 칼을 핥습니다. 그러다 잡힙니다.

마약과 알코올도 그렇습니다. 자신이 날카로운 칼에 베이는 줄도 모르고 열심히 칼을 핥고 있는 늑대와 같습니다.

TV에서 불륜을 다룬 드라마가 종종 나온다. 사람들은 거기에 몰입해서 공감하고 눈물을 흘린다. 그런데 형부와 처제의 불륜관계를 뉴스에서 다룬다면 어떨까? 어느 동네 사는 모 씨와 그 처제 모 양이 사랑에 빠져 집을 나왔다고 하면 다들 미친놈이라고 욕을 할 것이다. 하지만 이를 드라마로 녹여내면 사람들에게 설득력을 갖게 된다.

커뮤니케이션이란 이처럼 스토리를 만들어 풀어낼 때 사람들에게 호소력을 가질 수 있다. 사실을 이야기하는 것도 중요하지만, 그 사실에 어떻게 살을 붙여 재미있는 이야기로 풀지를 고민해야 한다.

탁월한 스토리텔러로 가는 최고의 계단

탁월한 스토리텔러가 되려면 먼저 이야기를 많이 알아야 한다. 책을 읽고 영화를 보고, 사람들 이야기에 귀를 기울이고, 장소와 사물에 얽힌 이야기에도 관심을 두어야 한다. 또 그것을 주제별로 나누어 기록하고 정리해야 한다. 예를 들어 겸손이란 주제가 나오면 누에가 고치를 뽑듯 무슨 무슨 이야기가 술술 나올 정도의 수준이 되어야 한다. 다음에는 그 이야기를 실제 말과 글로 사람들에게 전달해보아야 한다. 실전 자체가 최고의 학습이기 때문이다. 이렇게 이야기를 많이 듣고 내 것으로 소화하여 전달하다 보면 자신도 모르는 사이에 유능한 스토리텔러가 된다.

다음 단계는 이를 실제 활용하는 것이다. 한번은 하겐다즈 사장을 만날 일이 있었다. 그는 마케팅에 관한 많은 이슈를 갖고 있는 사람이다. 그는 다양한 '눈동냥과 귀동냥'이 오늘의 자신을 있게 한 원동력이 되었다고 말했다. 그래서 직원들에게도 주저하지 말고 최대한 많이 그리고 빨리 배워서 써먹으라고 충고한다고 했다. 그의 말을 듣고 80년대에 보았던 「마음의 도둑」(Thief of Heart)이라는 영화가 생각났다.

미모의 여인을 유혹하기 위해 한 남자가 그 여자 집에 몰래 숨어 들어가 일기장을 훔쳐보고 그녀에게 접근한다. 그는 그녀가 하겐다즈 커피아이스크림을 좋아한다는 사실을 알고 이를 이용하여 그녀를 유혹할 계획을 세운다. 슈퍼에서 장을 보고 나오는 그녀와 일부러 부딪치고 그 때문에 장바구니가 쏟아진다. 당연히 하겐다즈 커피아이스크림도 있다. 그는 미안하다면서 자연스럽게 "하겐다즈를 좋아하나 봐요. 저도 그런데…"라고 얘기한다. 이후 둘은 연인이 된다.

사장에게 대강 그런 이야기를 해주었더니 아니나 다를까, 어서 빨리 써먹어야겠다는 듯 눈을 반짝이면서 너무나 좋아했다.

탁월한 스토리텔러가 되는 최고의 방법은 많은 이야기를 모으고, 분류하고, 수시로 사람들에게 사용해보는 것이다. 그러면서 이야기꾼으로 자신을 점점 변모시켜 나가는 것이다. 어느 순간, 이슈에 맞추어 스파크처럼 이야기 불꽃이 피어날 것이다.

여기서 생각해볼 것들

1. 평소에 관심 있는 이야기들을 모으고 있는가?
2. 알고 있는 이야기를 적용하기 위해 얼마나 노력하는가?

주제를 효과적으로 전달하는 법

모 기업체의 사장입니다. 자주는 아니지만 직원들을 앞에 놓고 이야기할 기회가 올 때마다 말하고 싶은 메시지를 어떤 이야기에 실어 전달할까를 고민하게 됩니다. 많은 지식과 그만한 말솜씨가 있어서 그것을 효과적으로 풀어내면 좋겠는데 그게 저한테는 참 어려운 일입니다.

말하고 싶은 주제가 있을 때 이를 이야깃거리로 만들어 전달하기 위한 좋은 방법이 없을까요?

직원들을 앞에 두고 연설을 한다는 것은 결코 쉬운 일이 아닙니다. 또 함부로 해서도 안 됩니다. 일단 직원을 모았다는 것은 비용을 투자한 것이나 다름없습니다. 일할 사람들을 불러 모았기 때문입니다. 그들은 여러 가지를 기대할 것입니다. 만일 그들의 기대를 채우지 못할 것이라면 차라리 가만 있는 편이 낫습니다.

우선 말하고 싶은 주제를 명확히 하는 것이 좋습니다. 그다음에는 이 주제를 어떤 형태로 이야기할지를 고민해야 합니다. 오프닝은 어떻게 하는 것이 좋은지, 어떤 유머를 사용하면 사람들이 공감할지,

하고자 하는 이야기에 어떤 비유가 적절할지, 오해의 소지가 있는 것은 아닌지, 마무리는 어떻게 할 것인지.

커뮤니케이션 담당자나 책임자를 임명하는 것도 방법입니다. 그런 사람이 조직 내부에 없다면 외부의 조언을 받는 것도 필요합니다.

연설에 익숙하지 않다면 반드시 사전에 연습을 거쳐야 합니다. 직원들이 앞에 있다고 생각하고 사무실이나 집에서 연습하고 피드백을 받아보는 것입니다. 비디오로 찍어보는 것도 좋은 방법입니다. 꼭 유창할 필요는 없습니다. 하지만 메시지는 분명하게 전달할 수 있어야 합니다. 커뮤니케이션은 전략이고 훈련이라고 말하는 이유가 여기에 있습니다.

말에
논리를 담아라

"씨알이 먹힌다"는 말이 있다. 사람들 머릿속으로 제대로 파고들어 마음을 연다는 말이다. 반면에 자다가 봉창을 두드리는 사람이 있다. 말도 안 되는 엉뚱한 소리, 주제를 벗어난 이야기를 멋대로 주워섬긴다.

말이 호소력을 가지려면 증거나 사례를 담아야 한다. 증거나 사례가 있으면 듣는 사람들은 쉽게 이해하고 고개를 끄덕이게 된다.

가장 나쁜 것은 관념적인 주제를 갖고 탁상공론을 하는 것이다. 막연하게 양극화가 어떠니, 좌우 갈등이 어떠니 하면 말하는 사람 자신도 무슨 말인지 종잡을 수 없게 된다. 듣는 사람은 더더욱 이해할 수 없다.

'미국의 양심'으로 불리는 노암 촘스키 같은 이가 호소력을 갖는 것은 바로 구체적 사례를 가지고 사람들을 설득하기 때문이다. 그의 저서 『촘스키, 누가 무엇으로 세상을 지배하는가』에서 그는 언론이 국가권력에 얼마나 약한지를 다음과 같이 설명한다.

언론과 지식인은 조작된 동의의 배달부다. 실제 리비아 폭격은 텔레비전 시청률이 가장 높은 시간대에 맞춰 계획된 역사상 최초의 폭격이었다. 미국의 3대 TV 방송이 저녁 뉴스를 하는 시간인 19시에 폭격이 계획되어 있었던 것이다.

"사전에 교감이 없었다면 텔레비전 방송국이 어떻게 현장에 가 있을 수 있을까요? 내 친구가 트리폴리에서 전화를 걸었어요. 새벽 2시까지 기다리라고, 뭔가 대단한 사건이 벌어질 테니 놀라는 척을 해달라고 당부를 하더군요. 그 폭격은 완벽하게 연출된 사건이었지요. 국가폭력에 언론이 얼마나 순응하고 있는가를 보여준 단적인 사례였습니다."

또 국가 역시 기업논리에 얼마나 약할 수 있는지를 다음의 사례를 통해 설명한다.

1950년대 미국 정부는 역사상 유례가 없는 대대적인 인프라 확충 프로그램을 시행했다. 도로를 건설하고 항로를 신설한 이 프로그램 덕분에 철도망이 와해되었다.

당시까지 미국의 철도체계는 무척 효율적이었다. 1940년대 로스앤젤레스에는 능률적이고 공해가 없는 전철망이 갖추어져 있었다. 그런데 이 전철망의 주인이 GE, Firestone Rubber, Standard Oil의 3개 회사로 바뀌었다. 예상대로 그들은 전철망을 뜯어냈다. 도로 이용을 극대화한다는 핑계로. 결국 로스앤젤레스는 버스와 승용차의 천국으로 바뀌었고 그들은 엄청난 돈을 벌었다. 물론 이 회사는 불법적인 담합 혐의로 고발되었지만 5,000달러의 벌금형을 받았을 뿐이다.

또한 국방성을 앞세워, 좀 더 구체적으로 국가안보를 핑계로 미국 정부는 고속도로 건설에 열을 올렸다. 하지만 이 운송체계는 공공서비스를 우선한 게 아니라 기업논리에 근거해 만들어진 것이다. 하지만 이것의 영향은 엄청났다. 거대한 인프라 프로그램은 기업을 부자로 만들어주었지만 소비행태가 바뀌고 대인관계도 바뀔 수밖에 없었다. 모두가 뿔뿔이 흩어지면서 공동체가 파괴되었다.

촘스키는 이렇게 주장한다.

한 집단의 지배력이 커질수록 그 집단은 정치인, 언론인을 앞세워 권력을 강화한다. 정교하게 꾸며진 여론조작이 그것이다. 사회가 자유로워질수록 무력을 사용하기 어렵다. 여론과 행동을 통제하는 데 더 많은 힘을 쏟아야 한다. 이런 점에서 광고산업이 미국과 영국에서 출발했다. 요제프 괴벨스가 선전장관을 맡은 나치독일이 광고산업 발전에 상당한 공헌을 했다.

결론부터
말하라

호소력을 갖기 위해서는 결론부터 이야기하는 것도 방법이다. 토론에서도 그렇고 질문을 할 때도 그렇다.

중요한 의사결정 권한을 가진 사람들은 바쁘다. 산적한 어젠다를 다루는 위치에 있기 때문이다. 또 어젠다에 대해 어느 정도 내용을 알고 있고 어떻게 해야 하는지도 대개는 파악하고 있다. 그런 사람들에게 배경, 방법, 관련 정보를 미주알고주알 이야기하는 것은 불필요하다.

내가 가장 미워하는 사람은 질문을 길게 하는 사람이다. 질문을 하는 것인지 자신이 강의를 하는 것인지 구분이 안 되는 사람은 싫다. 사실 그 사람은 질문을 하는 것이 아니다. 질문을 빙자해서 자신의 유식함을 자랑하는 것이다. 질문을 가장하여 자신이 얼마나 대단한 사람인가를 알리고 싶어 하는 것이다. 하지만 사람들은 속으로 다 눈치를 챈다.

말을 길게 하거나 천천히 하는 것도 호소력을 떨어뜨린다. 잭 웰치 회장은 자기 생각을 거침없이 이야기한다. 그리고 따발총같이 질문을 쏟아내서 듣는 사람이 정신을 바짝 차려야 답변할 수 있을 정도다.

조직 내에서 커뮤니케이션할 때, 특히 상사와 이야기할 때는 결론부터 말하는 것이 유리하다. 주로 이성적이고 업무적인 대화이다 보니 듣는 상사도 이미 나름의 결론을 가지고 있을 것이다. 물론 말하는 사람도 결론이 있다. 서로가 결론을 내린 상태인데 굳이 길게 변죽을 울릴 필요가 있을까? 이보다 더 큰 낭비가 어디 있겠는가? 서로 숨길 것이 아니라 처음부터 서로의 패를 드러내는 것이 낫다. '나는 이렇게 생각한다, 내 결론은 하지 말자는 것이다'라고 확실하게 의견을 밝히는 것이다. 여기서 서로의 생각이 일치한다면 거기서 논의를 종료할 수 있다. 다르다면 그때 비로소 왜 그런지에 관해 이야기를 나누면 된다.

주의를
환기하라

이야기를 하는데 듣는 사람들이 모두 속으로 딴생각을 하고 있다면 말하는 사람 입장에서 이것처럼 난감한 경우도 없을 것이다. 사람들의 주의를 환기하는 방법으로는 무엇이 좋을까?

그중 하나는 자신이 말할 내용에 대해 미리 언질을 주는 것이다.

"오늘은 3가지 사항만 말씀드리겠습니다."

"좋은 뉴스와 나쁜 뉴스가 한 가지씩 있는데 어느 쪽을 먼저 들으시겠습니까?"

이런 말을 하면 사람들의 시선을 화자 쪽으로 모을 수 있다. 또 청중에게 어느 정도 하면 끝날 것이라고 예시하는 역할도 하게 된다. 그리고 중간에 하나, 둘, 셋 하는 식으로 과정을 체크해가면서 이야기를 진행하면 내용이 사람들 머릿속으로 쉽게 잘 들어간다.

반면 밑도 끝도 없이 주저리주저리 말을 이어가는 사람이 있다. 도대체 언제까지 저 이야기를 들어야 하는지 알 수가 없다. 듣는 사람 모두가 몸을 비비 꼬기 시작하고 내용보다는 언제 끝날지에만 관심이 가 있다. 이미 커뮤니케이션은 물 건너간 것이다.

사람들이 이제까지 한 번도 접해보지 못했을 정보를 알려주는 것도 주의를 끄는 방법 가운데 하나다. 사람들은 쉽게 관심을 보이지 않는다. 웬만한 정보에는 꿈쩍도 하지 않는다. 그렇지만 자신이 전혀 알지 못했던 사실이나 이제까지와는 전혀 다른 차원의 새로운 해석을 마주하게 되면 저절로 귀를 기울인다.

강의를 하기 전에 몇몇 사람에게 질문을 던지는 것도 괜찮은 방식이다. 커뮤니케이션에서 제일 중요한 것은 당사자들에 대한 이해다. 그들이 어떤 사람들이고, 어떤 고민을 하고 있고, 무슨 니즈가 있는지, 무슨 이야기를 듣고 싶어하는지를 파악하고 그 과정을 통해 그들에 대해 알고 이해하고 느껴야 한다. 아무것도 모른 채 내가 하고 싶은 이야기를 할 때와는 분위기가 확실히 다르다.

자신을 오픈하는 것도 방법이다. 내가 어떤 사람인지, 무슨 이야기를 하려는지를 있는 그대로 솔직하게 이야기하는 것이다.

반복, 반복
또 반복하라

어느 연구 결과에 따르면, 동일한 정보에 대해 30퍼센트의 사람들만 내용을 제대로 받아들이고 나머지 70퍼센트의 사람들은 그중 일부만을 받아들인다고 한다. 결국 문제는 70퍼센트의 사람들에게서 나오고 이들이 조직의 의사소통 장애를 야기한다는 것이다.

이 결과는 자신이 말한 것을 구성원들이 모두 이해하고 그대로 따라주리라 생각하는 것은 리더의 지나친 기대에 불과하다는 사실을 잘 보여준다. 그래서 중요한 내용일수록 구성원들이 충분히 이해할 때까지 반복해서 전달하는 것이 필요하다.

독일의 심리학자인 헤르만 에빙하우스 교수는 반복 전달의 중요성을 과학실험을 통해 증명한 것으로 유명하다. 시간에 따른 망각의 속도를 측정한 그의 실험 결과에 따르면, 사람들은 습득한 정보의 약 70 퍼센트를 한 달 이내에 잊어버린다. 그는 이렇게 말했다.

"다른 사람을 설득하고 싶다면 전달하고자 하는 핵심적인 메시지를 여러 번 반복해야 한다. 만약 반복하여 말하지 않으면, 상대방이 한 귀로 듣고 다른 한 귀로 흘려버리게 될 것이다."

반복적 커뮤니케이션의 중요성을 기업 경영의 화두로 삼아 직접 실천에 옮긴 사람이 퍼시 바네빅이다. 유럽 최고의 엔지니어링 회사 ABB의 전임 회장이었던 그는 "내가 매번 같은 이야기를 한다고 나를 바보라고 생각하지 마십시오. 정말 중요하다고 생각하는 일은 모든 사람의 뇌리에 새겨질 수 있도록 100번이라도 반복해야 합니다"라고 말했다.

잭 웰치도 "10번 이상 이야기하지 않으면 한 번도 말하지 않은 것과 같다"고 하여 반복의 중요성을 설파했다.

물론 리더는 반복해서 강조할 것과 그렇지 않은 것을 구분할 줄 알아야 한다. 리더가 구성원들의 업무에 일일이 참견하고 불필요할 정도로 지시를 되풀이하는 것은 구성원들의 반감을 유발한다. 그렇지만 기업 경영의 철학과 비전, 그에 따르는 미션이나 핵심 가치 등은 구성원들의 사고와 행동에 깊이 스며들 수 있도록 리더가 기회 있을 때마다 강조하고 반복해서 전달해야 한다. 리더는 부하직원들이 싫어할지 알면서도 중요한 내용은 반복해서 말할 줄 아는 용기를 가진 사람이어야 한다. 그것이 바로 리더의 역할이다.

경험이 최고다

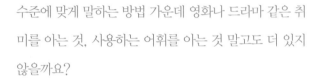

수준에 맞게 말하는 방법 가운데 영화나 드라마 같은 취미를 아는 것, 사용하는 어휘를 아는 것 말고도 더 있지 않을까요?

다양한 직·간접 경험이 최고입니다. 가령 모 회사의 김 사장은 아들만 5형제인 집에서 자랐습니다. 어머니 외에는 여성과 가까이 지낸 적도 커뮤니케이션한 적도 없습니다. 그런데 지금 그의 회사는 여성이 반입니다. 여성 임원도 많습니다. 그는 늘 여성과 이야기하는 데 불편함을 느낀다고 고백합니다. 이럴 경우에 여성들과 함께하는 동아리 활동에 참여하거나 종교모임 등에 적극적으로 임한다면 여성을 이해하는 데 도움이 될 것입니다. 제조업을 하려는 사람은 이른바 밑바닥 생활을 해보는 것이 도움을 줍니다. 닛산을 일으킨 카를로스 곤 회장은 첫 직장이 미쉐린타이어였습니다. 이 회사에서는 누구나 처음 6개월은 공장 근무를 해야 합니다. 그는 그 시절의 밑바닥 경험을 통해 공장 노동자의 삶을 경험하고 이해의 폭을 넓힐 수 있었습니다. 수준을 맞추는 데 왕도는 없습니다. 필요성을 절감하고 비슷하게 시뮬레이션할 기회를 열심히 찾는 길 외에는. 물론 젊은 시절의 다양한 경험이 보약이 되는 것은 말할 것도 없겠지요.

커뮤니케이션의 70%는 몸짓이 좌우한다

표정의 파워

몸짓의 파워

표정의 파워

커뮤니케이션을 잘하기 위해서는 변함없이 밝고 부드러운 표정의 소유자가 되어야 한다. 데일 카네기는 이렇게 미소를 예찬했다.

미소는 돈이 들지 않으나 많은 것을 창출하며, 주는 사람을 가난하게 만들지 않으나 받는 사람을 풍요롭게 한다. 미소가 발생하는 것은 순식간이지만 그 기억은 길이 남는다. 가정에 행복을 더하고, 사업에는 촉진제가 되며, 친구 사이를 더욱 가깝게 한다. 지친 자에게는 휴식이 되고, 낙심하거나 슬픈 자에게는 따뜻한 햇살이 되어주며, 고통을 제거하는 최고의 천연 해독제이다. 돈으로 사거나 구걸하거나 빌리거나 훔칠 수도 없는 것이다.

인상을 찌푸리고 있는 사람과 오랫동안 이야기를 나누고 싶어 하는 사람은 세상 어디에도 없다. 어떤 사람은 얼굴에 '접근하면 발포한다'고 써놓고 다닌다. 그런 사람에게는 아무도 다가가지 않는다. 행운도 왔다가는 도망을 간다.

미국 풋볼의 MVP 하인즈 워드는 늘 웃는 얼굴이다. 덕분에 누구나 그를 좋아한다. 반대의 경우도 있다. 성적은 매우 우수한데 인기는 별로인 프로 선수가 있다. 그는 늘 딱딱하게 굳은 얼굴을 하고 있다. 침울한 표정은 보는 것만으로도 사람을 지치게 한다. 환한 웃음은 보고만 있어도 기분이 상쾌하다. 이를 '정서적 전염'이라고 한다. 그러므로 비즈니스를 하는 사람이라면 더욱 표정에 신경을 써야 한다. 중국인들은 웃지 않는 사람은 장사를 하지 말라고 충고한다. 웃음은 상대를 무장해제시킨다. 웃음은 '당신이 좋아요' '만나서 반가워요'라는 무언의 메시지나 마찬가지다.

특히 직급이 높은 사람들은 표정 관리에 조심해야 한다. 부하직원들은 본능적으로 상사의 심기를 살필 수밖에 없다. 잔뜩 찌푸리고 있는 상사 앞에서 문제점을 이야기하고 농담을 건넬 직원은 없다. 가수 겸 연기자면서 인터넷 쇼핑몰 '에바주니'에서도 대박을 터뜨린 김준희 씨는 "제가 어떤 표정으로 출근하느냐에 따라 사무실 분위기가 달라지더군요. 웃으면 하루가 화기애애한데 찡그리면 모두가 경직돼 있더라고요"라고 말한다. 그래서 그는 언제나 분위기 메이커를 자청한다. 인상을 쓰고 있는 상사는 부하직원 앞에서 파업을 하는 것과 같다. 절대 문제점이나 현장 이야기는 꺼내지도 말고 가만히 내버려

두라는 뜻이다. 굳은 표정은 소통을 막는 최대의 무기다.

처음 만났을 때의 인상과 대응, 표정도 중요하다. 한번은 강의를 나갔다가 낯익은 듯한 사람을 만났다. 내가 "우리가 어디서 만났지요?"라고 묻자 "아니 저를 못 알아보세요? 정말 실망입니다"라고 말했다. 나는 큰 실수를 저질렀다는 생각에 어쩔 줄 몰랐다. 그렇지 않아도 사람 이름을 잘 기억하지 못해 창피를 당한 적이 종종 있었던 나는 오늘 제대로 임자를 만났다 싶었다. 당황한 기미를 눈치챈 상대는 더욱 강하게 나를 밀어붙였다. "그래 가지고 어떻게 한국의 피터 드러커가 되겠어요?" 나중에 알고 보니 별 인연도 아니었다. 언젠가 몇 시간 교육을 받은 것이 인연의 전부였다. 옆 사람에게 물어보았더니 원래 사람 당황하게 하는 것이 장기인 사람인데, 딴에는 분위기를 부드럽게 하는 방식이라고 했다.

상대가 나를 기억하지 못할 수도 있다. 그런데도 대놓고 면박을 주면 그다음 상황은 불을 보듯 뻔하다. 당황한 상대는 그 사람과의 대화를 피하려 할 것이다.

이처럼 만남의 초기에 어떻게 대하느냐도 나중의 소통에 결정적인 역할을 한다. 무표정한 얼굴로 명함을 나누는 사람은 "상황이 상황이라 할 수 없이 인사는 하지만 저는 당신에게 아무 관심이 없습니다"라고 이야기하는 것과 같다. 반대로 활짝 웃으며 눈을 마주 보고 굳게 악수를 하는 사람은 "정말 반갑습니다. 호감이 가네요. 앞으로 좋은 인연이 되길 바랍니다"라고 이야기하는 것과 같다. 이처럼 표정 하나에서도 많은 것이 드러나는 법이다.

커뮤니케이션에서 말이 차지하는 비중은 10% 미만이다. 이보다는 표정, 태도와 몸짓의 비중이 훨씬 높다. 많은 사람이 소통에 실패하는 이유는 표정 관리에 실패하기 때문이다. 표정은 단순히 표정만을 의미하지 않는다. 표정은 감정의 지도다. 표정으로 우리는 말 없는 대화를 교환한다. 표정은 많은 정보를 상대에게 준다. 내가 어떤 사람인지, 상대에 대해 어떤 느낌을 갖고 있는지, 호의적인지 적대심을 갖고 있는지 등등. 그래서 어떤 기업은 직원이 가만히 있을 때의 표정도 중요하게 관찰한다. 사람 앞에서는 지나치게 친절하지만 혼자 있을 때는 뚱한 표정을 짓는 사람은 앞과 뒤가 다르다고 보는 것이다.

최근에는 얼굴이 단순한 미의 지표가 아니라 중요한 커뮤니케이션 도구라는 인식이 널리 퍼지면서 '페이스닝'(facening)이라는 얼굴근육 운동까지 등장했다. 사람을 만나기 전에 자신의 표정을 살펴보자. 거울을 들여다보고 자신에게 물어보라. '이 얼굴을 보고 너 같으면 말을 걸고 싶을까? 사람들이 말을 붙이게 하려면 어떻게 하는 것이 좋을까?'

물건을 살 때 우리는 간판을 보고 상점에 들어간다. 이야기를 할 만한 상대인지 아닌지 우리는 표정을 보고 판단한다. 표정은 우리를 나타내는 입간판이자 사람들을 대화의 장으로 초대하는 강력한 힘이다.

몸짓의 파워

지난 1992년 대선후보 토론에서 자주 시계를 보았던 조지 부시 전
미국 대통령은 '왠지 지루해 보인다'는 인상을 주었고, 지난 2000년
민주당 대선후보였던 앨 고어 전 부통령 역시 '토론 중 자주 한숨을
쉰다'는 지적을 받았다.

그리 대단할 것도 없으면서 꼭 비서를 시켜 전화를 하는 사람이 있
다. 내 친구 중에도 있다. "한근태 소장님 전화 맞지요? 여기 ○○그
룹 김 전무님 방인데요, 통화를 원하세요. 바꿔드리겠습니다." 아주
사소하지만 이런 것 하나에서 그 친구의 권위주의적인 마인드를 읽
을 수 있다. 나는 그럴 때마다 의구심이 생긴다. '너는 그렇게 바쁘고
나는 비서와 통화하고 기다릴 만큼 한가한 사람이냐….' 별것도 아닌

일 때문에 이내 기분이 상하고 만다.

심지어 부인에게 내게 전화를 걸게 하고 전화를 바꾸는 사람도 있다. 부인과 아는 사이도 아닌데 참 황당한 일이 아닐 수 없다.

이채욱 전 GE코리아 회장 같은 이는 정반대로 행동한다. 바쁘기로 말하면 대한민국에서 제일가는 사람이지만 그는 늘 직접 전화를 걸고 받는다.

"신문에서 제 책 소개한 것 봤습니다. 좋게 써주셔서 감사드립니다. 늘 신세만 지네요."

통화 시간은 길어야 1분이지만 이런 밝고 명랑한 목소리를 들으면 참으로 많은 느낌을 받는다. 그만의 배려, 따뜻한 마음, 겸손함 등등.

상대를 쳐다보는 눈빛도 각양각색이다. 사실 얼굴에서 눈빛만큼 중요한 것은 없건만, 평소에도 눈을 부라리듯 뜨는 사람이 있다. 보는 것만으로도 주눅이 든다. 마치 범죄인을 바라보듯, 무슨 흠이라도 잡을 듯한 태도로 늘 위에서 아래로 상대를 훑어보는 사람도 있다. 그런 사람과는 같이 있는 것만으로도 마음이 불편하다. 밑 빠진 독에서 물이 새나가듯 나의 자신감을 앗아가고 에너지가 빠져나가는 느낌이 든다. 아마도 본인은 상대의 마음 따위는 아랑곳없이 사람들이 자기를 피하면 왜 자기를 멀리하느냐며 따지고 들지 모른다.

반면에 어떤 사람의 눈빛은 평화롭다. 잔잔한 호수 같다. 법정 스님이나 김수환 추기경의 눈빛이 그렇다. 그런 사람과 함께 있으면 덩달아 마음이 평화로워진다. 내 심정을 솔직하게 이야기하고 그의 이야기를 듣고 싶다는 욕구가 생긴다.

상대를 대하는 자세도 중요하다. 모 기업 임원 중에 '차렷'이라는 별명을 가진 사람이 있었다. 부하가 들어가면 늘 부동자세로 보고해야 하기 때문이다. 웬만해서는 자리를 권하지 않는다. 한 사람은 앉은 채로, 다른 한 사람은 선 채로 이야기를 하니 그 자리가 얼마나 딱딱하고 불편하겠는가? 그러니 무슨 솔직한 커뮤니케이션이 이루어지겠으며, 자리 하나 권할 줄 모르는 상사와 누가 일하고 싶겠는가?

앉을 때의 태도도 유념해야 한다. 상대방이 팔짱을 낀 채로 삐딱하게 앉아서 대화한다면 기분이 어떨까? 물론 입으로는 "자네 이야기를 경청할 테니 한번 이야기해보게"라고 말한다. 그러나 그 말을 곧이 믿는 사람은 없을 것이다. 앉은 태도에서 이미 그의 생각을 알아채기 때문이다. 거의 눕듯이 앉아 강의를 듣는 사람도 있다. 그 사람은 이미 "나는 당신 강의가 듣기 싫어요. 그저 할 수 없이 앉아 있을 뿐이지요"라는 생각을 은연중에 표현하고 있는 것이다.

제스처나 몸짓도 생각을 자연스럽게 나타낸다. 거짓말을 하거나 불안하면 자기도 모르게 다리를 떤다든지 손을 자주 만지작거린다. 눈동자가 빠르게 왔다 갔다 하는 것도 뭔가 마음이 불안하다는 의미다. 이야기를 듣는데 고개를 좌우로 움직이는 것은 동의하지 못하겠다는 표현이다. 자꾸 고개를 숙이고 눈 맞추기를 거부하는 것, 계속해서 시계를 보고 밖으로 시선을 주는 것도 집중하지 못할 때 나타나는 현상이다.

말투도 그렇다. 사실 대화는 내용보다는 말투가 더 중요하다. 알았다는 말도 억양을 어떻게 하느냐에 따라 결과는 180도 달라진다. 전화를 받을 때 '여보세요' 하는 말도 억양만 바꿔가면서 수십 가지의 메시지를 전달할 수 있다. 날아갈 듯 이야기할 수도 있고 입을 잔뜩 내민 채 할 수도 있다.

턱 수술을 해서 말을 전혀 하지 못하는 사람과 몇 주간 커뮤니케이션할 기회가 있었다. 그는 경영학에 관련한 과외수업을 받고 싶어 했다. 처음에는 말을 못 하는 사람과 어떻게 커뮤니케이션을 할까 답답했다. 하지만 별문제가 없었다. 그는 필담으로 의사를 표현했는데 오히려 말을 할 수 있을 때보다 더 많은 것을 나누었다는 생각이 들었다. 그의 태도와 눈빛 하나하나에서 그가 진정으로 나를 존중하고 있다는 것을, 배우겠다는 열정을 읽을 수 있었기 때문이다.

커뮤니케이션은 어쩌면 직접적인 말보다 보이지 않는 것을 전하는 방법이고 기술이라고 할 수 있다. 눈에 보이지 않는 마음, 정보, 생각 등이 그것이다. 그렇기 때문에 가장 중요하게 생각할 것은 자신의 마음을 다스리고 정리하는 일이다. 그랬을 때 커뮤니케이션은 문제가 되지 않는다. 문제는 속마음은 그렇지 않으면서 눈치를 보느라 다른 이야기를 주워섬기려고 할 때 발생한다. 진정으로 상대를 존중한다면 그것을 표현하는 데 무슨 문제가 있겠는가? 사랑하는 연인끼리 사랑한다는 사실을 교감하는 데 어려움이 없는 것과 같은 이치다. 사실은 사랑하지 않는데 자신을 속이고 상대방을 속이면서 사랑하는 것처럼 포장하려니까 커뮤니케이션이 힘들어지는 것이다.

커뮤니케이션은 솔직해야 한다. 그래야 쉽게 전달이 될뿐더러 장기적으로도 신뢰관계를 유지할 수 있다.

사람은 색깔 있는
표현에 끌린다

타이틀은 모든 걸 삼킨다

말에만 의존하지 마라

보고서는 간단할수록 좋다

현수막 커뮤니케이션

타이틀은
모든 걸 삼킨다

'오스트리아에는 캥거루가 살지 않는다!'

이게 무슨 말일까? 당연히 오스트리아에는 캥거루가 없다. 캥거루가 사는 곳은 '오스트레일리아'다. 하지만 많은 사람들이 오스트리아와 오스트레일리아를 혼동하고 있다.

위 문구는 오스트리아 빈에서 발행되는 인터넷 동포신문(www.cucucu.com)의 첫 페이지에 실려 있는 글의 제목이다. 너무나 많은 사람들이 오스트리아를 오스트레일리아로 착각해 호주 이민 등에 관해 문의하는 바람에 이런 제목의 글을 실었던 것이다. 참 잘 쓴 카피라는 생각이 들었다.

여러분이 이 일을 담당하는 직원이라면 어떤 제목을 달았을까?

"오스트리아와 오스트레일리아는 다른 국가입니다. 착각하지 마세요."

만일 이렇게 썼다면 무슨 말인지는 명확하지만 지루하고 재미없다. 그에 비해 '오스트리아에는 캥거루가 살지 않는다!'는 말은 단번에 시선을 잡아끈다. 무슨 말인지 알고 싶은 호기심을 유발하면서 이해를 돕는다. 그리고 기억에 오래 남는다. 이 카피는 메시지를 정확하고도 효과적으로 표현한 성공적인 커뮤니케이션이다.

『10년 후 한국』, 『아침형 인간』, 『끌리는 사람은 1%가 다르다』 등은 모두 몇십만 부 이상 팔린 베스트셀러다. 내용도 충실하지만 이들 책이 성공한 데는 제목이 한몫했다는 것을 부인할 수 없다. '10년 후 한국' 대신 '한국 미래예측 리포트'라고 썼으면 어떻게 되었을까? '아침형 인간' 대신 '좋은 습관 만들기' 같은 제목을 달았다면 어떻게 되었을까? 조금 과장해서 말하면 책의 판매는 제목이 전부라고 할 수도 있을 정도다.

행복학 강사로 유명했던 최윤희 씨의 말은 타이틀이 한 사람의 수입을 좌우할 수도 있다는 사실을 가슴 뭉클하게 증명한다.

우연찮게 지하철을 돌며 구걸하는 시각장애인 할아버지와 친구가 되었다. 할아버지가 들고 있는 종이 푯말엔 '나는 장님입니다'란 글씨가 쓰여 있었다.

나는 할아버지와 몇 마디를 나눈 후 다짜고짜 펜을 꺼내 이렇게 고쳐 써주었다.

'나는 아내와 두 딸이 있지만 그 얼굴을 한 번도 보지 못했습니다.' 며칠 뒤 그 할아버지를 다시 만났다. 효과가 좀 있더냐고 묻자 할아버지는 반가워 어쩔 줄 모르며 말했다.

"수입이 세 배로 늘었어!"

얼마 전 길을 가다가 「잘 쓰면 풀린다」라는 제목을 큼지막하게 단 주간지가 눈에 띄어 산 적이 있다. 먼저 뭘 잘 쓴다는 말인지 궁금했다. 돈을 잘 쓴다는 말인지, 아니면 글을 잘 쓴다는 말인지…. 사고 보니 글쓰기에 관한 특집이었다. 내용은 별것 없었지만 돈이 아까울 정도는 아니었다.

신문 기사도 그렇다. 턱없이 오르는 집값에 관한 특집기사를 낸다고 할 때 어떤 타이틀을 뽑으면 좋을까? '집값이 너무 올랐다'라고 하면 그저 평범하고 지루한 느낌을 줄 것이다. 하지만 모 일간지는 '집값이 미쳤다'라는 타이틀을 뽑았다. 당연히 대부분 사람들이 그 기사를 보았다.

조선일보에서는 신입 기자에게 몇 달간 제목 뽑는 훈련을 시킨다고 한다. 기사를 쓰고 나서 제목을 다는 것이 아니고 먼저 제목을 뽑은 다음 그것에 맞게 기사를 쓰도록 하는 것이다.

제목을 뽑는다는 의미는 무엇일까? 한마디로 전체 기사에서 가장 중요한 엑기스를 추출하는 것이다. 다시 말해 콘셉트를 간단하면서도 명확하게 잡는 것이다. 당연히 고민하고 애를 써야 가능하다.

활자를 통한 커뮤니케이션에서 가장 중요한 것은 제목이다. 이메일을 쓸 때도 그렇다. 어떤 메일은 제목만 보고도 무슨 말을 하겠다는 것인지 쉽게 짐작이 간다. 제목만으로 부족할 때는 부제를 보면 된다. 나머지 것은 제목에 대한 부연 설명 정도이다. 그에 반해 어떤 메일은 글 전체를 읽어봐도 무슨 말을 하려는 것인지 아리송하다. 제목을 잘 잡는다는 것은 메시지를 명확히 하는 것을 의미한다.

그러기 위해서는 정말 자신이 전달하고자 하는 내용에 대해 깊이 생각해야 한다. 쓸데없는 메시지는 없애고 군더더기도 걸어내고 엑기스만을 뽑아내는 것이다. 더는 뺄 것이 없다고 판단될 때 그것이 바로 제목이 되는 것이다. 또 제목은 산문체보다 시적으로 표현할 때 임팩트가 강하다.

배우들의 출연료는 이미 억대를 넘어가지만 가수들의 출연료는 고작 몇십만 원 수준으로 20년 전이랑 별 차이가 없다 하여 한번 기삿거리가 된 적이 있었다. 대중매체란 대중매체는 모두 이를 다루었는데, 그중에서도 다음과 같은 제목이 단연 인상적이었다. '화려한 무대, 텅 빈 지갑'. 구석에 난 기사였지만 보는 순간 '화려한데 왜 돈이 없다는 걸까' 하는 호기심이 확 일었다. 커뮤니케이션 측면에서 성공한 타이틀이다.

말에만
의존하지 마라

교보생명의 신창재 회장이 경영권 승계가 이루어진 후 새로운 비전과 미션을 선언할 때의 일이다. 신 회장은 개그맨 이경규의 가면을 쓰고 연단에 섰다. 사람들은 당황했다. '아니 어쩌자고 회장님이 저런 가면을 쓴 거지?…' 그때 신 회장이 가면을 벗으며 이렇게 말했다.

제가 이경규 가면을 쓴다고 해서 신창재가 이경규가 되는 것은 아닙니다. 회사의 미션과 비전도 그렇습니다. 그저 만들어놓고 벽을 장식한다고 미션과 비전이 우리 것이 되는 것은 아닙니다. 가슴에 새기고 복습하고 실천할 때 비로소 우리 것이 되는 것입니다.

신 회장의 독특하고 기발한 커뮤니케이션은 사람들의 뇌리에 강력하게 자리 잡았다. 보통은 의례적으로 비전을 만들고 회장은 엄숙하게 연설한다. 초경쟁시대에 앞서가기 위해서는 어떻게 해야 하고, 살아남기 위해서는 비전을 달성해야 하고…. 이런 식의 구태의연한 프로세스에 익숙해 있던 사람들에게 가면을 쓰고 나타난 신 회장의 말은 신선할 수밖에 없다.

커뮤니케이션에는 여러 도구가 사용될 수 있다. 가령 제스처, 옷 등 시각적인 도구를 적절히 사용하면 상당한 효과를 볼 수 있다. 때로 사람들은 그 사람이 한 말은 기억하지 못하지만 그가 입었던 옷이나 브로치 등만을 기억하는 경우도 있다.

마거릿 대처 전 영국 수상의 스피치도 그런 사례 가운데 하나다. 1979년 5월 3일 대처가 이끄는 보수당은 총선에서 승리했다. 그녀의 선거유세는 독특했다. 슈퍼마켓 앞에서 빵, 버터, 고기가 가득 든 푸른색 장바구니를 오른손에 들고 왼손에는 그것들이 절반밖에 채워지지 않은 분홍색 장바구니를 들고는 이렇게 이야기했다.

제 오른손에 들린 푸른색 장바구니는 이전의 보수당 집권 시절에 1파운드로 살 수 있던 식료품입니다. 반면 제 왼손에 들린 분홍색 장바구니는 현재 노동당 정권하에서 1파운드를 주고 살 수 있는 식료품입니다. 분홍색 장바구니에 담긴 것이 푸른색 장바구니에 담긴 것의 절반밖에 안 됩니다. 만약 노동당이 5년 더 집권한다면 어떻게 되겠습니까? 아마 그때는 이 장바구니도 들

필요 없이 작은 봉투 하나면 충분할 것입니다.

장바구니 하나가 수많은 통계와 그럴듯한 정책 모두를 합한 것보다 더 강한 메시지를 전달하고 있지 않은가.

시각적인 커뮤니케이션의 중요성은 회사에서 업무를 수행할 때도 빛을 발한다. 예전에 다니던 회사에서 있었던 일이다.

반복되는 고장 때문에 시장에서 고객들의 불만은 거의 위험수위에 다다랐다. 그러나 정작 이 문제를 책임지는 연구소와 공장 직원들은 무사태평이었다. 클레임으로 인한 손실데이터, 대당 결점 사항, 월별 품질데이터 등을 보여줘도 별 문제의식이 없어 보였다.

보다 못한 품질관리 직원들은 작전을 바꾸었다. 불만 고객들을 찾아가 그들의 생생한 목소리를 비디오로 떴다. 그리고 회의 시간에 방영했다.

"정말 이 회사 제품 산 걸 후회합니다. 다시 이 회사 제품을 사면 손에 장을 지질 겁니다. 친구들에게도 절대 사지 말라고 이야기하고 있어요. 정말 너무해요. 팔 때는 그렇게 열심이더니 A/S를 받으러 가니 나 몰라라 하네요. 도대체 이것도 제품이라고 만들어 파는 겁니까?…"

고객들은 이보다 더 듣기 거북한 말도 서슴지 않았다. 비디오를 본 후에 어떤 일이 벌어졌을까? 다른 말이 필요 없었다. 다들 이대로 가다가는 회사도 문을 닫고 자신들도 거리에 나앉을지 모른다는 위기감을 느낀 것이다. 이후 품질은 급속하게 좋아졌다.

나날이 늘어가는 음주운전과 그로 인한 피해는 이루 말할 수 없다. 그렇기 때문에 모든 나라에서 이 문제를 해결하기 위해 고민하고 있다.

미국의 어느 주에서 사용한 전략은 커뮤니케이션이 어떤 식으로 이루어져야 하는지를 잘 설명해준다.

이 주에서는 가해자에게 음주운전이 얼마나 위험하며 다른 사람에게 얼마나 커다란 고통과 피해를 주는지를 뼈저리게 느끼게 해줘야 한다고 생각했다. 이를 위해 가해자를 '음주운전으로 자식을 잃은 부모들의 모임'에 참석시켜 그들의 이야기를 듣게 했다. 꽃다운 나이에 죽은 딸의 사진을 놓고 흐느끼는 부모를 보면서 가해자의 심정은 어떠했을까?

떨어지는 애사심을 끌어올리려면

요즘 신입 사원들을 보면 애사심이나 도전의식이 떨어집니다. 세태의 반영이라고 할 수도 있지만 회사 차원에서 보면 정말 심각한 문제가 아닐 수 없습니다. 애사심이나 도전의식을 높일 수 있는 특별한 방법이 없을까요?

질문의 요지에 동의할 수 없습니다. 애사심과 도전의식이 떨어졌다기보다는 그만큼 요즘 사람들이 현명해진 것이라고 봐야겠지요. 인터넷으로 정보가 넘치고 그로 인해 사람들이 세상 물정을 예전보다 일찍 알게 되었을 뿐입니다.

무조건적인 도전과 애정보다는 이성적인 판단하에 결정을 내리고 도전하는 것이 개인을 위해서나 조직을 위해서 좋습니다. 평생을 회사를 위해 몸을 바쳤다고 생각했는데 중간에 버림을 당하는 부모와 선배를 지켜본 젊은이들이 다소 이기적으로 행동하는 것은 당연한 일입니다.

중요한 것은 신입 사원의 마음을 사는 것입니다. 앞으로 이렇게 발전할 회사이기 때문에 계속 도전하고 열정을 쏟으면 개인에게도 신

천지가 펼쳐질 것이란 믿음을 주는 것입니다. 회사와 개인의 만남은 남녀의 만남과 비슷합니다. 서로 뱃속이 맞아야 합니다. 그래야 관계가 오래갑니다. 권력보다 더 사람을 끌어당기는 것이 매력입니다. 리더는 매력 있는 조직을 만들기 위해 무엇을 해야 할 것인가를 끊임없이 고민해야 합니다.

보고서는
간단할수록 좋다

건설회사 사장으로 있는 친구와 식사를 한 적이 있다. 대기업 임원으로 있다가 약간 규모가 작은 회사의 CEO로 영입된 케이스다. 회사에서 경영을 하는 느낌이 어떠냐는 질문에 그 친구는 고개를 절레절레 흔들며 이야기했다.

"다른 것은 좋은데 직원들 커뮤니케이션 훈련이 너무 안 되어 있는 것 같아. 하루에도 수십 건씩 보고를 받고 결정을 해야 하는데 무슨 말을 하는지 모르겠어. 하자는 얘긴지, 하지 말자는 얘긴지, 알고나 있으라는 말인지, 이런 고민이 있으니까 해결해달라는 것인지. 보고서도 두껍기만 했지, 들여다보면 내용이 별로 없어. 그렇다고 사장인 내가 직원들 불러 모아놓고 커뮤니케이션 훈련을 할 수도 없고. 고민

끝에 몇 가지 원칙을 정해주었지.

첫째, 결론부터 이야기할 것. 결론은 뻔한데 너무 빙빙 돌려 말하기 때문이지.

둘째, 단문으로 이야기할 것. 보고서를 보면 어떤 것은 대여섯 줄이 한 문장으로 되어 있어. 서로 다른 내용인데 죽 이어서 글을 쓰니까 숨을 쉴 수가 있어야지.

셋째, 모든 보고서는 한 장으로 요약할 것. 한 장으로 요약할 수 없는 것은 실무자가 내용을 정확하게 파악하지 못한 것으로 가정을 했거든.

상사 혹은 주요 의사결정자들에게 보고서를 올리는 이들의 관심은 어디에 있을까? 그들은 보고서 두께와 발표 시간에 가장 큰 관심을 둔다. 두툼한 보고서, 수십 장짜리 파워포인트 자료를 보는 순간 사장이나 상사들은 기가 질린다. 저 보고를 받다 보면 반나절은 날아갈 것이라는 생각에 정작 보고에는 집중하지 못한다.

수많은 제안서, 품의서, 기획안의 공통점을 알고 있는가? 읽히지 않는다는 것이다. 재능 있는 사람들이 정성 들여 준비하지만 의사결정권자들이 그것을 외면함으로써 가치 있는 아이디어가 빛을 보지 못하게 된다.

패트릭 G. 라일리가 쓴 『THE ONE - PAGE PROPOSAL』(강력하고 간결한 한 장의 기획서)을 굳이 예로 들지 않더라도 간결하게 생각을 정리해서 알리는 것의 중요성은 아무리 강조해도 지나치지 않다. 빈약

한 보고서일수록 길고, 위대한 보고서일수록 짧다. 미국의 독립선언서, 마그나 카르타, 권리장전 등 역사적으로 위대한 문서는 모두 1페이지이다.

말하고 싶은 모든 것을 한 장으로 만들 수 있을까? 가능하다. 한 장으로 압축할 수 없다면 그것은 내용이 방대해서라기보다 제 생각이 정리되지 않았기 때문이다. 한 장으로 표현하는 것이 여러 장으로 만드는 것보다 훨씬 힘들다.

한 장으로 압축하기 위해서는,

첫째, 완벽한 이해가 필요하다. 짧은 제안서는 완벽한 이해 없이 절대 만들어지지 않는다. 철저한 정보수집, 평가, 우선순위 결정이 필요하다. 세심하게 단어를 고르고 읽을 사람의 수준에 맞게 다듬어야 한다. 제 생각을 명료하게 정리하고 날카롭게 선택된 언어로 표현해야 한다.

둘째, 누구에게 제출할 것인지를 감안하여 눈높이를 맞추어야 한다. 중요한 의사결정자들은 대개 시간에 쫓기고 제안 내용에 대해 잘 알고 있는 경우가 많다. 따라서 지루한 설명, 반복되는 이야기보다는 촌철살인의 표현으로 깊은 인상을 심어줘야 한다. 뻔히 아는 이야기를 되풀이하는 것만큼 지루한 일은 없다.

셋째, 사실을 확인하고 데이터는 이중으로 확인해야 한다. 데이터가 이상하다든지 사실에 의구심을 갖게 되면 제안은 호소력을 가질 수 없다. 사실과 데이터는 확인에 확인을 거듭해야 한다.

넷째, 질문을 예상해야 한다. '해당 프로젝트는 어떤 구조를 가지고 있습니까? 책임자는 누구입니까? 소요 비용은? 회수 기간 및 자금은? 기대효과는?' 등의 질문은 가장 흔하게 나오는 것들이다. 그 외에도 '이 기획서가 다른 기획서와 다른 점은? 기획서를 제출한 사람은 일을 수행할 자격이 있는지?' 등의 문제도 예상해야 한다.

내용이 없을수록 말도 보고서도 길어진다. 아니 내용이 없기 때문에 질 대신 양으로 승부하려는 것이다. 그런 커뮤니케이션이야말로 최악이다. 최악의 커뮤니케이션은 자신을 속이고 상대의 시간을 빼앗고 분노하게 한다.

현수막
커뮤니케이션

    대한민국은 현수막 국가다. 길가, 마을 입구, 건물 위아래… 어딜 가나 현수막이 즐비하다. 그런데 현수막을 읽으며 그 안에 숨어 있는 메시지를 가만히 생각하는 일은 예상외로 흥미롭다.

    지방 여러 곳을 다니다 보면 심심치 않게 '경축 김봉식의 자 김선중 서울대 합격' 같은 현수막을 마주하게 된다.

    단순히 동네 사람들이 축하를 보내는 걸까? 그것은 너무 순진한 생각이다. 사실 그 안에는 강한 평등주의가 숨어 있다.

    '촌사람이라고 우리를 우습게 보지 마라. 우리도 이렇게 성공했다는 거 아니냐!'

    서울대 송호근 교수의 저서 『한국의 평등주의, 그 마음의 습관』의

한 대목이다.

한동안 재건축 인허가를 둘러싸고 아파트 주민과 공무원 사이에 공방이 치열했고 그 소통수단 중 하나가 바로 현수막이었다. 정말 재미있는 현수막이 많았는데 그중의 하나이다.

'양재천은 살아나고 ○○아파트 주민은 죽어간다. 돈도 필요 없다. 인간답게 살고 싶다.'

대한민국에서 가장 비싼 아파트 주민이 써놓은 글이다. 하지만 이 말은 역효과를 낸다. 그 사람들 말대로 그렇게 위험하고 죽어갈 것 같으면 팔고 이사를 하면 된다. 그 아파트에 가고 싶어 몸살을 하는 사람이 너무 많기 때문이다. 이 현수막은 '말은 그렇게 하지만 정말 이 사람들이 원하는 것은 돈이구나. 돈 때문에 재건축을 원하는구나' 하는 생각을 누구나 할 수 있기 때문이다. 이 현수막이 실패한 원인은 솔직하지 않기 때문이다.

커뮤니케이션의 목적은 행동을 바꾸는 것이다. 상대를 설득하는 것이다.

그런 면에서 성공적인 사례 몇 가지를 살펴보자.

안경을 쓴 남녀가 안경 때문에 키스하는 데 어려움을 겪는 사진이 크게 붙어 있고 그 아래 '선영아, 우리 그만 헤어지자'라고 적혀 있다. 무슨 선전일 것 같은가?

모 안과병원에서 하는 라식수술 선전이다. 보는 순간 나도 모르게 웃을 수밖에 없었다. 안경을 쓰고 키스를 해본 사람이면 누구나 한번은 느껴보았음 직한 불편함을 소재로 사용한 것이다. 고객의 니즈를 정확히 꿰뚫고 해법을 유도한 탁월한 커뮤니케이션이 아닐 수 없다.

현재 껌시장은 자일리톨이 석권했다. 자일리톨은 설탕이 아니다. 핀란드 자작나무에서 추출한, 단맛은 나지만 충치를 일으키지 않는 첨가물이다. 그렇게 좋은 성분이기는 하지만 처음부터 성공을 거둔 것은 아니다. 일단 가격이 비싸고 인지도가 낮아서 출시 후 바로 철수하는 진통을 겪었다. 하지만 효과적인 마케팅으로 대번에 전세를 뒤집었다.

그때 쓴 카피가 '설탕과 충치가 이혼을 했습니다'였다. 이 말을 보면 이게 무슨 말일까 한 번 더 생각하게 된다. 이혼을 하다니? 그러고는 '아, 설탕을 먹어도 충치가 생기지 않는다는 의미구나' 하고 이내 깨닫게 된다. 같은 말이라도 얼마나 맛깔스럽게 하느냐가 중요하다.

직원 채용을 너무 쉽게 하는 기업체 사장에게 나는 이렇게 묻는다.

"사장님은 천만 원이 넘는 자동차나 집을 살 때 척 보고 바로 사십니까? 아니면 조목조목 따져보고 다른 사람 이야기도 들어보고 사십니까?"

당연히 꼼꼼히 따져보고 산다고 대답한다. 그러면 이렇게 충고한다. "직원 채용은 큰 물건을 쇼핑하는 것보다 더 힘들고 위험부담이 따릅니다. 한 달 월급이 200만 원이면 일 년에 2,400만 원입니다. 5년이면 1억이 넘습니다. 그런데 이력서 한 장에 관상만 보고 그렇게 쉽게 결정을 하십니까? 조금 더 신중하게 결정을 하세요."

무슨 말을 하는지는 분명 중요하다. 하지만 더욱 중요한 것은 그 말을 어떻게 전달하느냐이다. 메시지를 분명히 하고, 짧으면서도 강력한 인상을 주려는 노력이 긴요하다. 상대의 생각을 바꿀 수 없는 말이나 슬로건은 아예 하지 않는 편이 낫다.

내가 반해버린 말 그리고 글

소장님이 보셨던 각종 표현(현수막, 광고, 간판 등) 가운데 아주 인상적이었던 것이 있는지요.

'열 손가락 깨물어 안 아픈 손가락이 팔당이냐?'

속사정은 모르겠지만 팔당 주민들에게 불리한 결정을 내린 것에 대한 항의입니다. 참 재미있는 표현이죠. 상대를 거칠게 밀어붙이고 욕하는 대신 재치 있게 표현했습니다.

한번은 강남역 지하상가에 핸드폰을 사러 갔습니다. 수십 개가 넘는 상점들이 소리 없이 피 말리는 전쟁을 치르고 있었습니다. 어느 집이 믿을 만한 곳인지 알 방법이 없었습니다.

그때 눈에 번쩍 띄는 간판이 있었다.

'욘사마 배용준 사촌 동생이 하는 집'.

집사람과 나는 "신기하네, 배용준 사촌 동생이 한다 이거지?" 하고 가까이 가 보았습니다. 그런데 '사촌 동생이' 옆에 아주 작은 글씨로 '었으면 하는 사람이 운영'이란 글자가 쓰여 있었습니다. 나도 모르게 웃을 수밖에 없었습니다. 우리는 내친김에 안으로 들어가 핸드폰도

구경하고 간판에 대해서도 물었습니다. 주인은 예상대로 재미있는 사람이었습니다. 주인 왈 "별생각 없이 이런 간판을 붙였는데 예상보다 많은 사람이 재미있다며 가게에 들어옵니다. 매상에 도움이 많이 되었지요."

이화여대 앞에 있는 '그놈이라면'이란 라면집도 '제목' 덕을 톡톡히 보는 집입니다. 어느 설렁탕집 앞에 붙어 있는 'KBS, MBC, SBS에 나왔으면 하는 집'이란 간판도 사람들에게 기쁨을 줍니다.

이 밖에도 '돼지가 목청 따는 날'(노래방), '컴퓨터여 그기머시라꼬 보자보자고치보자'(컴퓨터 수리점), '아빠팬티 엄마브라'(내의 전문점), '아디닭스'(치킨전문점), '아나파 치과' 등은 유쾌한 상호로 손색이 없습니다.

재치 있는 말을 많이 듣고 기억하고 사용해보는 것이 중요합니다. 그러다 보면 응용력이 생깁니다.

사자성어를 다르게 해석하는 것도 재미있습니다. '유구무언은 입에 뭔가가 있을 때는 말을 해서는 안 된다'는 말입니다.

의사들은 유비무환이란 말을 이렇게 해석합니다. '비 오는 날에는 환자가 없다.' 얼마나 재미있나요?

살다 보면 섬광처럼 번뜩이는 그런 말을 만날 때가 있다. 나는 그런 말을 따로 모아 기록하고 있습니다.

무언가 할 수 있는 사람이 프로페셔널이다. 그런 의미에서 최고의 프로페셔널은 레오나르도 다 빈치다. 그가 1482년 루도비코 스포르 차에게 보낸 자기소개서는 역대 최고로 손꼽힙니다. 거기에는 이렇게 쓰여 있습니다.

  -저는 물건을 쉽게 운반할 수 있는 매우 가볍고 튼튼한 가구의 제작계획안을 갖고 있습니다.
  -저는 성곽 공격용 사다리를 비롯한 수많은 공격 도구의 제작 방법을 알고 있습니다.
  -저는 그 어떤 성곽이나 요새도 무너뜨릴 방책을 갖고 있습니다.
  -저는 위력이 대단한 전함을 만들 계획안도 갖고 있습니다.
  -저는 적의 어떤 공격에도 끄떡없는 덮개가 달린 견고한 전차 도 제작할 수 있습니다. 이 전차는 포병을 태우고 적진을 뚫고 들어가 어떤 군대도 순식간에 물리칩니다.
  -저는 대포, 박격포, 포차는 물론 때에 따라 공격과 방어를 모 두 할 수 있는 다양한 무기를 만들 수 있습니다.
  -저는 적에게 들키지 않고 땅 밑이나 강 밑으로 굴 같은 비밀통 로를 만들어 통과하는 방법을 알고 있습니다.

-저는 대리석이나 청동, 진흙으로 조각상을 만들 수 있으며 그
림도 그릴 수 있습니다. 제 작품은 어느 미술가의 작품과 비교
해도 뚜렷한 차이를 드러낼 겁니다.
-특히 저는 청동 기마상을 만들고 싶습니다. 이 기마상은 각하
의 아버님이신 황태자와 명예롭고 훌륭한 스포르차 가문을 영
원토록 추억할 기념물이 될 것입니다.

이러한 소개서를 보면 어떤 기업이 그를 채용하지 않을까요? 레오
나르도 다 빈치는 '멀티 플레이어'로서 미술가이자 해부학자였으며
과학자인 동시에 발명가이며 군사 기술자였습니다. 또한 철저히 준
비된 구직자였습니다.

> 질병은 초기에는 치료하기 쉽지만 진단하기는 어렵다. 시간이
> 흐르면 진단하기는 쉬워지지만 치료하기는 어렵다. 인식하지 못
> 하면 사태는 악화한다. 이윽고 모든 사람이 다 알아차릴 때가 되
> 면 어떤 해결책도 소용없다. -마키아벨리

맞는 말입니다. 그래서 성공하는 사람이나 조직은 잘나가고 있을

때에도 끊임없이 뒤돌아보고 반성합니다. 내가 정말 잘하고 있는 것인지, 나로 인해 피해를 보고 있는 사람들은 없는지, 부족한 것은 없는지…. 그런 과정을 통해 실수 확률을 줄입니다.

멍청한 사람은 성공에 도취하여 앞뒤를 구분하지 못합니다. 특히 권력을 잡은 사람 중에 이런 사람이 많습니다. 우리 눈에 저 사람의 수명은 1, 2년이 고작인데 황제라도 된 것 같은 착각에 빠져 온갖 거드름을 피우고 교만을 떨고 뒤돌아보지 않습니다. 그 사람이 자신의 잘못을 눈치챘을 때는 이미 너무 늦은 경우가 많습니다.

Hindsight is always 20/20. 뒤돌아보면 언제나 명쾌하다.

뒤돌아보면 시력이 2.0이 된다는 의미의 영어 속담입니다. 미래는 언제나 불투명합니다. 앞이 보이지 않고 캄캄한 경우가 많습니다. 왜 내게 이런 시련이 닥치는지도 이해할 수 없습니다. 당장 앞으로 어떻게 살아야 할지 암담합니다. 반면 뒤돌아보면 모든 것이 명확해집니다. 내가 가장 힘들어했던 그 시절이 사실은 큰 기회였다는 깨달음도 생깁니다. 내가 미워했던 상사가 귀인이었다는 것, 편안했던 젊은 시절이 내게는 오히려 독이 되었다는 것도 알 수 있습니다.

누구나 아는 뻔한 이야기를 매일 하는 사람과 같이 있는 일은 고통입니다. 별 이야기도 아닌 것을 느릿느릿 이야기하는 사람의 말을 듣는 것은 인내를 필요로 합니다. 말도 꺼내기 전에 귀가 먼저 닫힙니다.

누구나 아는 이야기라 할지라도 새로운 각도에서 조명할 줄 알아야 합니다. 긴 이야기를 하더라도 임팩트가 강하게 전달될 수 있어야 합니다. 그러기 위해서는 많이 읽고, 듣고, 좋은 말이나 인상적인 말을 기록하고 기억하고 자꾸 써먹어야 합니다.

리더의 언어는
실행을 드라이브한다

성과를 내는 커뮤니케이션 성공의 법칙

말 한마디의
위력

'가는 말이 고와야 오는 말이 곱다'는 말이 있는데 반드시 그
렇지는 않다. 가는 말이 거칠어도 오는 말을 곱게 할 수 있다.
그만큼 고운 말은 삶에 필수적이다. 그래서 나는 늘 말 차림표
를 만든다. 길을 오고 가면서 고운 말이 있으면 메모를 했다가
사용한다. '출입 엄금' 대신에 '밭에 들어가면 의가 상합니다'라
는 말, 절에 쓰레기를 버리지 말라는 엄중한 경고 대신 '아니 온
듯 다녀가시옵소서'라는 말. 이 얼마나 삶을 윤택하게 하고 사람
을 부드럽게 하는가.

이해인 수녀가 한 말이다. 말의 힘은 세다.

지미 카터가 대통령이 되기 전, 해군사관학교를 졸업하고 장교로 복무할 때 원자력 잠수함 요원 모집에 지원한 적이 있었다.

당시 해군 대위였던 지미 카터는 미국 역사상 가장 오랜 기간 해군 제독을 지낸 하이먼 리코버 대령 앞에서 면접을 보게 되었다. 리코버 대령의 첫 질문은 "귀관은 해사 생도 시절을 성공적으로 보냈는가?"라는 것이었다. 지미 카터는 우수한 성적으로 학교를 졸업한 사실을 떠올리면서 당연히 "예!"라고 자신 있게 대답했다. 그다음 질문은 "그러면 최선을 다했다고 생각하는가?"였다. 그 질문에도 역시 "예!"라고 대답하긴 했지만, 동시에 정말 자신이 최선을 다했는지에 대한 의구심이 생겼다. 잠시 후 머뭇거리며 최선을 다한 것은 아니라고 말을 바꾸어 대답했다. 그랬더니 리코버 대령이 엄숙하게 물었다.

"왜 최선을 다하지 않았는가?"

면접 후 지미 카터는 잠수함 요원으로 선발되었고 뒷날 미국 대통령이 되었다. "왜 최선을 다하지 않았는가?"라는 리코버 대령의 질문한 구절은 그에게 평생의 인생관으로 자리를 잡았다.

말의 힘은 대단하다. 한마디 말이 사람을 살릴 수도 있고 죽일 수도 있다.

환경재단의 이미경 대표는 고교 시절 문제아였다고 한다. 당연히 공부도 게을리했다. 그런데 어느 날 어머니가 이웃과 통화하는 내용을 듣고 마음을 고쳐먹었다. 이웃 사람이 미경이 공부 잘하느냐고 물어보았는데, 어머니가 한 말은 "그럼요, 우리 미경이는 공부 열심히 하고 참 잘해요"였다. 그 말을 듣는 순간 가슴이 울컥하며 더는 어머니를 실망하게 해서는 안 되겠다고 결심했다. 이미경 대표에게는 어머니의 한마디가 인생의 터닝포인트가 된 것이다.

감자탕 교회로 유명한 조현삼 목사는 이렇게 이야기한다.

말에는 능력이 있습니다. 말이 씨가 된다는데 정말 그렇지요. 사람은 누구나 자신이 뱉은 말을 심을 밭을 가지고 있습니다. 원망하고 불평하고 근심하는 씨앗을 뿌리면 그런 열매를 맺게 됩니다. 생각은 자신과 말하는 것입니다. 말에는 남에게 소리를 내어 표현하는 말 자체뿐 아니라 자신과 나누는 생각도 포함됩니다. 염려하고 두려워하면 그것이 현실로 나타납니다. 그것은 기도를 통해 중단시켜야 합니다. 말은 치유하고 파괴하는 능력을 함께 가지고 있습니다. '미치겠네, 속상해 죽겠네, 열받아 죽겠네, 짜증 나네'라는 말을 달고 다니는 사람은 결국 자신과 듣는 사람을 파괴합니다.

말이 곧 그 사람이다. 말은 그 사람의 인격뿐 아니라 모든 것을 나타낸다. 사람은 말로 살아간다. 사람들이 '말이면 다냐'는 말을 자주 하는데 사실 말이 전부다. 말이 씨가 된다. 한자로 농가성진(弄假成眞)이 그것이다. 아무런 뜻 없이 장난삼아 던진 말이지만 정말로 그렇게 될 수도 있다. "남편 복 없는 년이 어떻게 자식 복이 있겠어?" 하면서 자식을 들볶는 어머니는 틀림없이 그런 불행(?)을 맞을 것이다. 그런 주문을 듣고 자란 자식은 어떻게든 어머니를 실망(?)하게 해드리지 않을 것이기 때문이다.

우리의 현재 모습은 과거에 심은 말의 결과이다. 미래의 모습 또한 오늘 내가 하고 있는 말들의 열매인 것이다. 법정 스님의 말이다.

말은 생각을 담는 그릇이다. 생각이 맑고 고요하면 말도 맑고 고요하게 나온다. 생각이 야비하거나 거칠면 말도 또한 야비하고 거칠게 마련이다. 그러므로 그가 하는 말로써 그의 인품을 엿볼 수 있다. 그래서 말을 존재의 집이라 한다.

그렇기 때문에 말은 늘 조심해야 한다. 그리고 부드럽고 따뜻하게 해야 한다.

한마디의 친절한 말이 3개월 동안의 겨울을 따뜻하게 해준다.

- 일본 속담

나를 키우는 말, 죽이는 말

말하는 것을 보면 그가 어떤 사람인지 알 수 있다. 말은 그 사람의 역사이다. 생각의 역사, 정신의 역사, 인격의 역사다. 자기가 쏟아낸 말이 그대로 쌓여 복이 되기도 하고 화가 되기도 한다. 그렇기 때문에 입을 열기 전에 한 번 더 생각하는 것이 좋다. 지금 이 말을 해도 되는지, 이 말로 인해 피해를 보는 사람은 없을지, 이 말을 들은 사람은 어떤 생각을 하게 될지. 생각나는 대로 뱉어내는 사람은 그 말로 인해 주변은 물론 자신도 피해를 보게 된다.

> 입과 혀는 화와 근심의 근본이며, 몸을 망치는 도끼와 같다(口舌者 禍患之門 滅身之斧也). -명심보감

> 물고기는 언제나 입으로 낚인다. 인간도 역시 입으로 걸린다.
> -탈무드

현인들은 한결같이 말조심을 강조한다.

말은 생각이다. 그리고 자신도 모르는 사이에 그 생각이 말로 표현된다. 그러므로 평소에 자신의 언어습관을 돌아보고 잘 길들이는 것이 중요하다.

첫째, 자신감을 비치는 언어를 사용하라. '노력해보겠습니다'와 '노력하겠습니다'에는 큰 차이가 있다. '해보겠습니다'에는 해보긴 하겠지만 아마 잘 안 될 것이라는 느낌이 숨어 있다. 이미 자신에게 '힘들 테니 별 기대 하지 말라'고 주문을 걸고 있는 것이다. 그러니 잘될 리가 없고 상대방도 신뢰를 보내지 않는다.

'그렇다고 하던데요'라는 식의 인용문도 바람직하지 않다. 특히 강의하는 사람에게는 더욱 그렇다. 자신 있는 내용이라면 '그렇습니다'라고 단정적으로 이야기해도 무방하다. 자신 없게 남 이야기하듯 이

야기하는 것은 겸손도 그 무엇도 아니다.

둘째, 자성적인 예언을 하라. 현재의 모습으로 보지 말고 미래의 모습으로 보는 것이 필요하다. "너는 훌륭한 작가가 될 거야. 네가 못 하면 대한민국에서 누가 할 수 있겠니?"라는 이야기를 듣고 자란 아이와 "그럼 그렇지, 네가 하는 일이 뻔하지. 이런 빌어먹을 놈 같으니!"라는 욕을 밥 먹듯 듣고 자란 아이의 미래가 어떻게 같을 수 있겠는가? 잘될 것이라는 자성예언을 자주 하는 것이 좋다. 좋은 자성예언이 틀렸다고 나중에 당신을 원망할 사람은 없을 것이다.

셋째, 원망하고 질책하는 듯한 단어를 사용하지 마라. 아 다르고 어 다르다. 같은 단어도 어떻게 사용하느냐에 따라 받아들이는 사람의 기분은 크게 다르다. '잖아요'란 별명을 가진 왕따 직원이 있었다. '잖아요'라는 말 뒤에는 원망과 비난이 숨어 있다. '이미 보고했잖아요. 그런데 왜 제게 따지는 거죠?' 당연히 듣는 사람은 기분이 나쁠 수밖에 없다.

넷째, 피해자의 언어를 절대 사용하지 마라. 말하는 대로 되기 때문이다. 이런 언어가 입에 밴 사람이 있다. '망했어', '정말 끝장이야', '나 같은 놈이 뭘 하겠어', '도대체 되는 일이 없어⋯'. 사실 별것도 아닌 일에 이런 과격한 단어를 쓰는 사람들은 제발 망하게 해달라고 고사를 지내는 것과 같다. 사실이 아닌 것을 사실처럼 자신에게 주문을 외우고 있는 것이다.

매일 아침 일어나 "나는 성공했다. 오늘도 좋은 일이 많이 일어날 것이다. 참으로 감사한 세상이다"라고 외치는 사람과 "나는 망했다.

이 세상은 나를 버렸다"고 주문하는 사람의 삶은 크게 다를 것이다.
언어습관만 고쳐도 인생의 많은 것이 달라질 것이다.

　말의 중요성을 아주 잘 표현한 시가 있다.

나를 키우는 말

－이해인

행복하다고 말하는 동안은

나도 정말 행복한 사람이 되어

마음에 맑은 샘이 흐르고

고맙다고 말하는 동안은

고마운 마음 새로이 솟아올라

내 마음도 더욱 순해지고

아름답다고 말하는 동안은

나도 잠시 아름다운 사람이 되어

마음 한 자락이 환해지고

좋은 말이 나를 키우는 걸

나는 말하면서

다시 알지

신뢰를
확보하라

'말이야 옳은 말이지만…', '무슨 말인지는 알겠는데…'.

우리가 흔히 쓰는 말들이다. 왠지 하고 싶지 않다는 말이다. 의사소통이 제대로 이루어지지 않은 것이다.

커뮤니케이션은 이성적인 것과 감성적인 것이 결합되어야 효과적이다. 그런 의미에서 커뮤니케이션의 최고봉은 이심전심, 염화시중의 미소다. 말하지 않고도 상대의 의중을 알고 그대로 행동할 수 있으니 이보다 더 이상적인 커뮤니케이션이 어디 있겠는가. 이것이 가능한 것은 오랫동안 같이 일을 해왔고 그래서 상대를 신뢰하기 때문이다.

커뮤니케이션의 전제조건은 신뢰다. 신뢰수준이 높을 때 커뮤니케이션은 즉각적인 힘을 발휘한다. 사소한 실수는 문제가 되지 않는다. 신뢰의 속도만큼 빠른 것은 없다. 그것은 인터넷보다도 빠르다.

신뢰에 관한 이야기가 많이 나오는 것은 그만큼 상황이 좋지 않다는 뜻이다. 신뢰가 탄탄하게 형성된 조직에서는 신뢰를 말하지 않는다. 화목한 가정에서 화목하게 살자는 이야기를 하던가? 커뮤니케이션도 그렇다. 소통이 잘되는 조직에서는 소통에 대해 이러쿵저러쿵 문제 삼지 않는다.

그렇다면 신뢰란 무엇이고, 어떻게 신뢰를 쌓을 것인가?

신뢰는 능력이다. 자신을 믿지 못하는 사람은 남도 믿지 못한다. 그래서 나는 남을 신뢰할 수 있는 사람을 믿는다. 남을 믿는다는 것은 언제나 위험이란 요소를 계산에 넣어야 하는 일이다. 설혹 삐끗하더라도 대처할 능력이 있기 때문에 믿을 수 있는 것이다.

신뢰는 먼저 믿어주는 것이다. 휴렛팩커드의 예가 그렇다. 1972년 당시 CEO였던 루이스 플랫은 출근 시간 입력제도를 폐지했다. 회사의 신뢰에 직원들도 신뢰로 화답했다. 하지만 다른 회사들은 직원을 믿지 못했기 때문에 계속해서 확인하고 통제했다. 직원들은 회사의 불신에 불신으로 맞섰다. 당연히 문제가 생겼다. 그러면 그것을 빌미로 더욱 규제를 늘리면서 이렇게 말했다.

"보라고, 세상에 믿을 사람이 어디 있어?"

신뢰는 아무나 할 수 있는 게 아니다. 믿는다는 것 자체가 쉽지 않을뿐더러 무조건 믿는 것이 신뢰가 아니기 때문이다. 지금 요구되는 것은 결단으로서의 신뢰, 현대적인 신뢰이다. 그것은 깊은 고민 끝에 생겨나는 계산된 신뢰다. 따라서 결코 맹목적이거나 순진하지 않다. 조건이 필요한 것이다.

　비즈니스 세계에서 신뢰를 형성하기 위해서는 능력, 성실, 선의가 뒷받침되어야 한다. 전문성이 있고, 인격이 확실하고, 감춰진 의도가 아닌 선의를 보여주어야 한다. 그렇다면 그것은 구체적으로 무엇을 말하는가?

　스티븐 코비 박사의 '감정은행계좌' 개념은 신뢰를 어떻게 쌓을 것인지에 대한 이해와 도움을 준다.

　두 사람이 처음 만나면 은행계좌처럼 감정은행계좌가 만들어지는데, 약속을 잘 지키고 밥을 사주고 친절하게 대하는 등 평소 열심히 입금하면 계좌에 잔고가 충분히 쌓여 간혹 말실수를 하더라도 별문제가 생기지 않는다. 반대로 인출만 계속하다가 깡통계좌가 되면 감정 상태가 나빠져 별것 아닌 일에도 신경을 곤두세우게 된다는 것이다.

　아무리 옳아도 감정이 나빠져 있는 상대가 이야기하면 들으려 하지 않는 것이 인지상정이다. 그러므로 평소에 신뢰를 쌓고 감정적으로 원활한 상태를 만들어야 한다. 통로는 필요하다고 해서 금방 만들어지는 것이 아니다.

성실과 신뢰가 비례하지 않을 때

저는 자타가 공인하는 성실맨입니다. 그런데도 노력한 만큼의 성과가 나오지 않아 고민입니다. 팀장님도 그런 저를 매우 안타깝게 바라보시는 듯합니다. 성실과 선의는 있는데 어째서 능력과 성과가 따라주지 않는 걸까요? 저 같은 고민을 가진 사람은 어떻게 해야 하나요? 일하는 방식이 문제일까요?

많은 사람들이 비슷한 고민을 하고 있습니다. 별로 노력하지 않아도 성과가 나오는 사람은 사실 거의 없습니다. 겉으로 그렇게 보일 뿐입니다.

가장 중요한 것은 역시 성실입니다. 성실하면 역량이 다소 떨어져도 크게 문제가 되지 않습니다. 하지만 성실하지 않으면 다른 모든 것이 갖춰져도 소용이 없습니다. 특히 장기적 관점에서 그렇습니다.

님의 경우에는 우선 정확한 진단이 필요합니다. 왜 성과가 나지 않는지를 면밀히 분석해야 합니다. 자신에게, 상사에게, 동료에게 진지하게 자문해보세요. 성과가 뛰어난 사람에게 고민을 솔직하게 털어놓고 상담을 받아보는 것도 빼놓을 수 없겠지요. '당신이 좋은 성과를 내는 이유는?' '나는 왜 성과가 나지 않는 것일까?' '성과를 내는 데서 약점과 강점은?'.

　이때 꼭 기억할 말은 불치하문(不恥下問)입니다. 질문하는 것은 하등 부끄러워할 일이 아닙니다. 정말 부끄러운 일은 성과가 나지 않는데도 왜 그런지를 알아보지 않는 것입니다.

행동만큼 강한
메시지는 없다

글로벌기업에 다니는 지인에게 그 회사는 윤리경영을 한다고 들었는데 실제로 잘 지켜지는지 물었다. 그는 이렇게 대답했다.

얼마 전에 있었던 사건을 말씀드리면 어느 정도 설명이 될 것 같네요. 신입 직원 회식 때의 일이에요.

어느 부서에서 1차로 식사를 하고 2차로 노래방을 갔습니다. 술이 어느 정도 취한 한 관리자가 신입 여직원에게 블루스를 추자고 했어요. 그 여직원은 거절했지요. 그런데도 자꾸 강요하더랍니다. 그리고 회식은 끝났습니다. 그런데 다음날 블루스를 강요당한 여직원이 미국 본사에 이메일을 써서 진상을 보고하자

본사에서 곧장 확인을 위해 두 명이 서울로 날아왔습니다. 여직원과 그 관리자는 물론 회식 참석자도 조사를 받았습니다. 진상이 확인되자 그 관리자는 바로 해고를 당했지요. 우리 회사의 윤리경영 원칙은 명확합니다. '두 번의 기회는 없고 예외도 없다'(No second chance, no exception)는 것입니다.

이 이야기를 듣자 어떤 회사에서 있었던 일이 생각났다. 한 관리자가 품질보증비용 수천만 원을 개인적인 용도로 사용했다가 들통이 나버렸다. 회사는 이 사건 처리를 놓고 한참 시간을 끌다 마지못한 듯 해고하더니, 1년 후 슬그머니 복직시켰다. 그 후로는 사장이 아무리 윤리경영의 중요성을 강조해도 아무도 들으려 하지 않게 되었다.

커뮤니케이션에서 행동으로 보여주는 메시지만큼 강력한 것은 없다. 아무리 말로 그럴듯한 소리를 해도 행동이 어긋나면 그 순간 모든 것은 물거품으로 변한다. 강력한 메시지를 날리고 싶다면 행동으로 말하라.

독일 베를린의 뒷골목 한 모퉁이에서 거지 소녀가 바이올린을 켜고 있었다. 소녀는 서투른 솜씨로 바이올린을 구슬프게 켜가며 구걸했지만 골목의 꼬마들만 모여서 구경할 뿐 아무도 쳐다보지 않았다. 소녀는 냉랭한 표정으로 자신을 지나치는 사람들을 보고 기운이 빠져 힘없이 팔을 떨어뜨리고 말았다.

그때 젊은 신사가 다가오더니 소녀의 바이올린을 받아들었다. 그리고 익숙한 솜씨로 바이올린을 켜기 시작했다. 아름답고 황홀한 멜로디가 흘러나오자 사람들이 하나둘 모여들었고 그가 연주를 마칠 즈음에는 몇 겹의 사람들이 담을 이룰 정도였다. 연주가 끝나고 사람들은 아낌없는 갈채를 보내며 돈을 던졌다. 젊은 신사는 정중하게 인사를 하고 바이올린과 돈을 소녀에게 건네주었다. 그러고는 아무 말 없이 거리 저쪽으로 사라졌다.

이 젊은 신사가 바로 아인슈타인 박사다. 그는 사랑은 말이 아니라 행동이란 것을 몸으로 보여주었다.

과거 삼성전자의 애니콜은 세계적인 명품이었다. 외국인들이 가장 갖고 싶어 하는 물건 중 하나였다. 하지만 처음부터 그랬던 것은 아니다. 핸드폰이 처음 한국에 등장했을 때 시장의 강자는 바로 모토로라였다. 애니콜은 존재 자체가 희미했다. 무엇보다 품질에 문제가 많았다. 고질적인 품질 문제를 해결하지 않고는 도약은 꿈에도 그릴 수 없는 형편이었다.

어떻게 하면 직원들에게 품질의식을 불어넣을 것인가? 당시 이기태 사장은 말로 외칠 것이 아니라 행동으로 보이기로 결심한다. 이른바 '불량제품 화형식'. 품질에 문제를 보인 핸드폰 모두를 구미공장에 쌓아놓고는 전 직원을 모이도록 했다. 그리고 불을 질렀다. 돈으로 따지면 500억 원이 일시에 연기와 함께 사라진 셈이다. 직원들은 눈물을 흘리기 시작했다.

다른 말이 필요 없었다. 잔소리를 할 것도 없었다. 타고 남은 재가 소중한 밑거름이 되듯 잿더미 속에서 애니콜은 다시 태어났다. 설계에서부터 대대적인 업그레이드 작업이 시작되었다.

스웨덴의 유명한 가구회사인 이케아는 '가족을 이해하고 가족을 도우려 노력하는 가구점'이란 명성을 얻기 위해 말없이 노력해왔다. 그리고 말보다 행동으로 이를 실천했다.

이 회사의 고객은 대부분 경제적으로 넉넉지 못한 젊은 부부들로, 튼튼하고 실용적이며 저렴한 가구를 원했다. 이케아는 이런 젊은 부부들을 위해 가게 구석에 어린이 놀이방을 마련하여 쇼핑하는 동안 아이들을 맡길 수 있도록 했다. 덕분에 부부들은 언제 집에 가느냐고 끊임없이 묻는 아이들의 성화에서 벗어나 좀 더 여유를 갖고 쇼핑을 할 수 있게 되었다. 손님이 많은 경우에는 놀이방 이용 시간을 제한했다. 물론 놀이방 서비스는 무료였다.

우리 회사는 가족중심 회사라고 수백 번 떠드는 것보다 놀이방 하나를 설치함으로써 이케아는 가족중심 기업이란 이미지를 사람들의 머릿속에 깊게 심을 수 있었다.

사람들에게 무슨 이야기를 하고 싶은가? 사람들의 의식을 바꾸고 싶은가? 그렇다면 아무 말 하지 말고 그것을 행동으로 보여라. 사람들은 저절로 알아들을 것이다. 신뢰와 정직이 당신 회사의 모토인가? 그렇다면 슬로건 대신 신뢰와 정직을 눈으로 확인시켜라. 고객만족이 모토인가? 고객이 웃을 때까지 서비스로 무장하라.

말을 앞세우지 마라. 말을 했는데도 지켜지지 않는다면 차라리 침묵을 지켜라. 그리고 행동으로부터 시작하라. 행동은 가장 강력한 커뮤니케이션이다.

혁신을 실천하는 모습은?

혁신이라는 말이 귀에 따갑도록 들립니다. 혁신하라, 혁신하라. 그런데 도대체 뭘 어떻게 혁신하라는 것인지 종잡을 수가 없습니다. 중요성은 이해하겠지만 구체적으로는 떠오르지 않습니다. 말로만 외치지 않고 혁신을 몸으로 실천하는 리더의 모습은 과연 어떤 것인가요?

주장은 하지만 그것이 추상적일 때는 아무런 효과를 보지 못합니다. 도리어 변화의 장애물이 될 뿐이죠. 막연하게 변해라, 혁신하라고 이야기하면 백이면 백 다 다른 그림을 그립니다. 그리고 각자 자기 위주로 생각합니다. 당연히 배는 산 위로 올라갑니다.

혁신의 대표선수는 3M입니다. 이 회사는 이런 식으로 혁신을 구체화합니다.

"사업부 매출의 25%는 신제품으로 해야 한다."

당연히 새로운 제품을 개발하는 데 총력을 기울이게 됩니다. 직원들에게도 일과시간의 몇 퍼센트는 업무가 아닌 자기가 하고 싶은 일에 시간을 써도 좋다고 이야기합니다. 혁신만 주장하는 것이 아니라 혁신하기 위한 시간을 확보해주는 것이지요. 실패도 장려합니다. 실패 역시 혁신의 당연한 과정이라고 보기 때문입니다.

혁신을 구체적으로 형상화해주는 것, 그래서 사람들 인식 속에 CEO가 생각하는 혁신의 모습을 제대로 그릴 수 있게 해주는 것, 그리고 그것을 제도적으로 뒷받침하는 것, 혁신을 위한 도구를 제공하는 것 등이 리더가 할 일입니다.

만인 앞에서
약속하게 하라

회사에 새로운 사람이 들어왔을 때 사람들은 그 사람이 어떤 사람인지 아는 데 큰 비용을 사용한다. 새로운 사람 역시 부서 사람들하고 친해지는 데 적지 않은 시간과 돈을 들인다. 그리고 그 과정에서 서로 눈치를 보고 견제를 하느라 쓸데없는 곳에 에너지를 소비하기도 한다. 만일 서로를 알고 손발을 맞추는 데 들어가는 이런저런 비용을 줄일 수 있다면 조직의 생산성에도 큰 도움이 될 것이다.

한번은 오랫동안 알고 지내던 벤처회사 사장으로부터 급하게 만나자는 연락이 왔다. 나는 이 회사 일에 이러저러하게 관여를 해온 터여서 회사 내부 사정을 비교적 소상히 알고 있는 편이었다.

사장은 다음과 같은 이야기를 했다.

"그동안 너무 바빴습니다. 해외에 사업을 벌이고, 담당자를 채용하고, 그러다 보니 자금이 많이 필요해서 투자자를 찾아가 투자를 받고…. 정말 지난 1년이 어떻게 지나갔는지 모르겠어요. 지금은 많은 것이 안정되었습니다."

"그런데 뭐가 문제지요?"

"사람 문제입니다. 해외 쪽 사업이 커지면서 그 일을 전담할 매니저를 정말 어렵게 구했습니다. 대기업에서 해외 업무 관련 경험도 있고 외국에서 MBA도 한 유능한 사람입니다. 무엇보다 일을 잘하고 사람들하고도 잘 지낸 사람 하나는 잘 뽑았다고 기뻐하고 있었지요.

그런데 이 사람이 요즘 이상합니다. 일에 전념하지 못하고 흔들리고 있습니다. 다른 회사에서 스카우트 제의를 받은 것 같아요. 어떻게 하면 좋지요?"

인적 사항을 들어보니 최고의 학력과 경력을 가진 사람이었다. 한국에서 제일 좋은 학교, 기업을 거쳐 미국에서도 톱 10에 드는 학교에서 MBA를 마쳤다. 순간 이런 의문이 들었다. 그런 사람이 왜 이렇게 작은 벤처회사에서 일하게 되었을까? 혹시 좋은 자리로 가기 위한 정거장쯤으로 여기고 있는 것은 아닐까?

결국 그 사람은 회사를 그만두고 다른 곳으로 갔고 그 회사는 그로 인해 적잖은 손실을 보았다. 핵심 업무를 맡기고 몇 달 동안 해외 출장 다니면서 얻어 온 온갖 정보를 다 넘기고 이제 실무를 챙길 만할 때 그만두게 되니 그 손실이 얼마나 크겠는가.

사장은 언제 또 사람을 뽑아 일을 맡길 수 있을지 엄두가 나지 않는다고 한탄했다. 겨우 몇 달 다니고 그만둔 사람 역시 개인적인 손해를 본 셈이니 모두 패자가 된 것이다.

많은 조직에서 이런 일이 빈번히 발생한다. 서로에 대한 정보가 부족하기 때문에 일어나는 일이다. 관련 정보를 초기에 집중적으로 파악하여 판단의 품질을 높인다면 쓸데없는 눈치 보기나 얼마 안 가 회사를 옮기는 문제 따위는 줄일 수 있을 것이다.

GE에서 도입한 '간부 인사청문회' 제도는 이와 같은 정보의 비대칭 문제를 줄이는 데 크게 기여하고 있다. 이 제도의 목적은 짧은 시간 안에 새로 입사한 사람에 대한 정보를 집중적으로 주고받음으로써 서로의 친밀도를 높이자는 것이다.

인사청문회는 다음과 같이 진행된다. 우선 새 간부와 일할 팀원들만 모인 자리에서 2시간 정도 미팅을 한다. 회의실에는 커다란 보드가 준비되어 있다. 보드는 보통 다섯 칸 정도로 나뉘어 있다. 자기가 새로 오는 상사에 대해 알고 싶은 사항을 보드 위에 적는다.

첫째, 소문 등을 통해 그에 대해 이미 알고 있는 것은 무엇인가?

둘째, 더 궁금한 것은 무엇인가?

셋째, 우리 조직의 문화, 강점, 현황에 대해 그가 알아야 할 것은 무엇인가?

넷째, 그에 대해 걱정되거나 석연치 않게 생각하는 것은 무엇인가?

다섯째, 그에게 제안하고 싶은 것이 있다면 무엇인가?

이런 질문도 나올 수 있다. '여자관계가 복잡하다던데 사실인가? 누구 백으로 왔다고 하던데 사실인가? 이력을 보니 우리 팀을 잘 이끌어갈지 걱정이 되는데 좋은 아이디어가 있는가? 팀장으로서 비전을 제시한다면?' 등.

그렇게 하면 새로 온 사람은 사람들 앞에서 공개적으로 발가벗겨지는 느낌이 든다. 그리고 본인이 미처 생각하지 못했던 것에 대해서도 생각하게 되고 더 마음을 다지게 된다.

앞서 소개한 작은 벤처회사에서의 일을 상기해보자. 사실 그 사람은 들어올 때부터 별 부담 없이 생각하고 기회가 오면 언제든지 떠날 생각을 하고 있었을지 모른다. 물론 잘못된 기대를 하고 있었을 수도 있다.

하지만 인사청문회를 열어 사람들이 위와 같은 질문을 던졌다면 결과는 어땠을까? "당신의 학력과 경력은 참으로 화려하네요, 우리 같이 작은 벤처회사와는 도저히 어울리지 않는 분인 것 같은데 왜 이 회사에서 일하려고 하는지, 혹시 몇 달 뒤에 떠나는 것은 아닌지 궁금합니다." 그랬다면 그 사람은 어떻게 대답했을까? 가슴이 찔리지 않았을까? 자신은 그런 사람이 아니라고 펄쩍 뛰었을 것이다. 그렇게 자기 입으로 말했다면 얼마 되지 않아 그만두겠다고 쉽게 이야기할 수 있을까? 또 자신에 대한 의문을 확인하고 생각을 밝힘으로써 서로에 대한 신뢰감을 높일 수도 있지 않았을까?

심리학에 '일관성의 법칙'이란 것이 있다. 사람들은 자신이 한 말에 대해 번복하려 하지 않는다는 것이다. 번복에 따르는 손실이 작지 않기 때문이다. 버젓이 이야기해놓고도 번복하는 사람을 막을 도리야 없겠지만, 인사청문회와 같은 과정을 거치게 되면 자기 편의적으로 결정하고 행동하는 사람이 주는 폐해를 최소화할 수 있을 것이다.

작은 관심이
큰 성과를 낳는다

처음 만나는 사람끼리 말이 통하기란 쉽지 않다. 서로를 잘 모르기 때문이다. 말이 통하고 커뮤니케이션이 잘되기 위해서는 서로에 대해 어느 정도 알아야 한다. 그리고 단지 아는 데 그치는 것이 아니라 서로에게 깊은 관심을 가져야 한다.

눈이 매우 나빠 늘 고민하던 김 과장은 큰 결심을 하고 라식수술을 했다. 지긋지긋한 안경을 벗고 처음 출근한 김 과장은 사람들의 반응이 궁금했다. 하지만 오전이 다 지나도록 안경을 왜 안 썼느냐고 물어오는 사람이 하나도 없었다. 그는 "사람들이 이 정도로 다른 사람에게 관심이 없는 줄 몰랐다"며 섭섭해했다.

커뮤니케이션의 전제조건 중 하나는 다른 사람에 관한 관심이다.

관심을 이끌어내는 최고의 방법은 내가 먼저 그들에게 관심을 보이는 것이다. '요즘은 어떠세요? 하는 일은 재미있나요? 어떻게 그런 성과를 얻으셨습니까?' 같은 말을 건네는 것이다. 내가 다른 사람에게 관심을 가져야 다른 사람들도 내게 관심을 보인다. 그래야 비로소 커뮤니케이션의 문이 열린다.

예전 대기업 임원으로 있을 때의 경험이다. 인사가 늦어지는 바람에 정식발령이 나지 않아 대기상태로 2주 정도 어영부영 지낸 적이 있다. 공식적인 부서장이 아니라서 본격적으로 일하기는 어려웠다. 하지만 월급을 받으면서 그냥 놀기가 뭐해서 직원들이나 만나보자는 생각으로 하루에 10명씩 면담을 했다.

별생각 없이 한 사람씩 불러 차를 대접하면서 의례적인 질문을 던졌다. 고향은 어딘지, 결혼은 했는지, 배우자는 무얼 하는 사람인지, 아이들은 몇 살이고 어떻게 키우고 있는지, 부모님은 살아 계신지, 회사생활 하면서 어려운 점은 없는지 등 별로 특별할 것도 없는 질문을 던지면서 이야기를 나누었다.

어떻게 보면 뻔한 대화지만, 그 과정에서 나는 몇 가지를 깨달았다. 한번은 모 과장과 이야기를 하게 되었다. 한참 이야기를 하던 중 배우자에 관해서 물어보자 얼굴이 갑자기 어두워졌다. 그는 잠시 머뭇거리더니 이런 말을 꺼냈다.

"사실 사이가 좋지 않아 몇 달째 별거 중입니다. 그래서 다섯 살 난 아들을 제가 돌보는데 많이 힘듭니다. 아침에 애를 맡기고 저녁에 찾아 오고, 집에 가서 밥 차려 먹이고, 살림하면서 회사 다니려니 보통

일이 아닙니다."

고생이 참 많겠다고 위로의 말을 던졌는데 마지막에 이런 이야기를 한다.

"사실 집안일 때문에 그동안 회사 일에 소홀했습니다. 하지만 앞으로는 잘하겠습니다."

다른 어떤 직원과는 이런 일도 있었다. 내가 부모님은 뭐 하시냐고 물었다.

"지난 몇 년간 저희 집은 줄초상이 났습니다. 아버지는 지붕을 고치시다 떨어져 돌아가시고, 어머님은 암으로 돌아가시고, 큰형은 교통사고로 죽고, 정말 집안이 몰락한 겁니다. 그러다 보니 세상이 미워져서 술을 많이 마시고 생활이 엉망이 됐습니다."

"어떻게 그런 일이, 정말 힘들었겠습니다"라고 공감을 하면서 이야기를 마치는데 이 친구가 이런 이야기를 했다.

"여지껏 회사생활 하면서 업무 외적인 일로 임원 사무실에서 차를 마시면서 개인 이야기를 한 것은 처음입니다. 잘 들어주셔서 정말 감사드립니다. 앞으로는 잘하겠습니다."

별생각 없이 한 면담이었지만 예상외로 직원들의 반응은 폭발적이었다. 정식발령이 있고 나서 얼마 후 직원만족도 조사에서 우리 부서가 1등을 하자 사장님이 간 지 얼마 되지도 않았는데 어떻게 그런 일이 있느냐고 물어왔다. 당황한 나는 이렇게 답했다.

"글쎄요, 저도 이해할 수 없네요. 제가 밥 한 번 산 적도 없는데, 굳이 이유를 따지자면 한 사람씩 불러 개인적인 어려움을 물어보고 열심히 들어준 것 때문이 아닐까 생각합니다."

만일 내가 이들의 속사정도 모른 채 늦었다고, 또 회사 일을 대충한다고 막무가내로 야단을 쳤다면 이들의 마음은 어땠을까? 생각만해도 아찔한 일이다.

상사와 부하직원 사이에 갈등이 심한 회사의 워크숍을 진행한 적이 있다. 문제의 원인 중 하나는 서로에 관한 관심 부족이었다. 그래서 태스크포스팀에 직원 몇 집을 골라 몰래 가족 영상물을 만들어 오도록 한 다음, 이 비디오를 워크숍 때 틀었다.

사장 부인은 "여보, 당신 요즘 너무 힘들었죠? 내가 별 도움이 못되어 미안해요. 너무 걱정하지 마세요. 모든 일이 잘될 거예요"라고 이야기했고, 어느 직원의 부인 역시 비슷한 말을 했다. 나도 가슴이 울컥했지만 직원들이 받은 감동은 대단했다. 물론 그동안의 갈등이 하루아침에 해소된 것은 아니지만 서로에 관한 생각이 많이 달라진 것은 틀림없는 사실이었다.

우리는 회사 동료나 상사, 부하에 대해 과연 얼마나 알고 있을까? 알고자 노력은 했는가? 혹시 그들이 내는 성과에만 관심이 있을 뿐 그가 어떤 사람인지에 대해서는 전혀 관심이 없었던 것은 아닐까? 무미건조하게 일만 하는 것이 사람에게 어떤 영향을 미치고 성과에는 어떤 영향이 있을까?

인간은 영혼을 가진 존재다. 집안에 일이 있으면 회사 일에 집중할 수 없고, 자신이 존중받는다는 느낌을 받지 못하면 몰입할 수 없다.

관심은 영혼을 따뜻하게 하는 최선의 도구이다. 회사가 직원에게 관심을 가지면 직원은 회사 일에 최선을 다한다. 내가 상대에게 관심을 가져야 상대도 내게 관심을 보인다. 관심을 가지면 알게 된다. 알면 사랑하게 되고 사랑하면 이해의 폭이 커지고 그런 것이 모여 자연스럽게 성과와 연결된다. 그런 의미에서 관심을 갖는 것은 최고의 직장을 만드는 방법이다.

다른 사람에게 관심이 없는 사람은 인생을 사는 데 가장 어려움을 당하고 다른 사람에게도 가장 해를 끼치는 사람이다. 인간의 모든 실패가 바로 이런 유형의 인물에게서 비롯된다.

−알프레드 아들러

관심은 커뮤니케이션의 전제조건이다.

여기서 생각해볼 것들

1. 당신은 주변 사람들에게 관심을 갖고 있는가? 주변 사람 역시 당신에게 관심을 갖고 있는가?
2. 당신은 관심을 어떤 방식으로 드러내는가? 효과가 있는가? 효과가 없다면 어떤 방식이 효과가 있다고 생각하는가?
3. 서로를 잘 알 때와 그렇지 않을 때 커뮤니케이션에 어떤 차이가 있는가?
4. 당신 조직의 서로에 대한 관심도는 어떠한가?(0~100, 0점은 완전 무관심, 100점은 지대한 관심)
5. 서로에 관한 관심을 높이기 위해서는 어떤 일을 해야 하는가?

터놓고 말할 사람이 없다?

> 저는 회사의 부장입니다. 그런데 업무적으로 고민이나
> 갈등이 생기면 맘을 터놓고 이야기할 만한 사람이 없습
> 니다. 선후배는 말할 것도 없고 다른 부서의 동료 부장도
> 껄끄러울 때가 많습니다. 한마디로 '대중 속의 고독'이죠. 저 같은 사
> 람은 어떻게하면 좋을까요?

　주변에서 흔하게 볼 수 있는 현상입니다. 타고나길 소극적이고 남
들과 잘 어울리지 못하며 어울리는 것 자체를 불편해하는 사람도 있
습니다. 왕따 현상이란 것도 그래서 생겨나는 것이지요.

　무엇보다 정확한 진단이 중요합니다. 왜 그런 상황에 놓이게 되었
는지를 면밀하게 따져보는 것입니다. 조직 내에서 당신에 대해 그런
이야기를 솔직하게 할 수 있는 사람을 찾아보십시오. 당신 눈치를 봐
야 하는 부하직원이나 거래업체 사람보다는 상사나 동료가 적합할
듯합니다. 꼭 가까운 사이가 아니더라도 합리적이고 명쾌하게 자기
생각을 말해주는 존재는 어디에나 한두 사람은 있게 마련입니다. 그
런 사람에게 당신의 고민을 있는 그대로 말해보세요. '조직 내에서 조

금 외롭다, 사람들과 잘 어울리고 소통도 잘하고 싶은데 쉽지 않다, 내게 무슨 문제가 있는지, 어떻게 개선하면 좋을지 솔직한 조언을 부탁한다….'

진심으로 당신이 힘들고 도움을 받고 싶다는 심정을 고백하는데 이를 마다할 사람은 거의 없습니다. 몇 사람에게 이런 피드백을 받으면 구성원들 눈에 비친 당신의 모습을 정확하게 알 수 있을 겁니다. 자신을 낮추어 겸손하게 조언을 받으려 한다는 태도 자체가 사람들에게 감동을 줄 수도 있지요.

문제점을 명확히 알고 이를 개선하겠다는 의지만 있으면 문제는 풀리지 않을까요? 단, 성급한 해결을 꿈꾸지는 마십시오. 모든 문제가 그렇듯 대인관계 개선도 시간이 걸립니다.

말 한마디로
조직을 바꾼다

말 한마디가 사람을 살리기도 하고 죽이기도 한다. 자살을 앞둔 사람이 말 한마디에 마음을 바꾸기도 하고 별생각 없이 던진 말이 천추의 한으로 남기도 한다. 말의 힘은 크고 깊다. 영향력이 큰 리더의 위치에 있는 사람의 말은 더욱 그러하다. 그러므로 무슨 말을 어느 순간에 어떤 방식으로 할 것이냐를 늘 고민해야 한다.

모 회사는 자기 일만 열심히 할 뿐 전사적인 이슈나 다른 부서의 일에는 전혀 무관심한 분위기가 팽배한 곳이었다. 회의 시간에도 자신과 직접적으로 관련이 없는 어젠다일 경우에는 낙서를 하거나 옆사람과 잡담을 하기 일쑤였다. 원래 기업문화가 그런 곳이라 누구도

이의를 제기하지 않았다.

그러다가 다른 회사 출신인 송 이사가 상사로 온다는 소문이 돌더니 곧이어 실제로 발령이 났다. 그룹에서 제일 잘나가는 실세 중의 실세가 회사 혁신을 위해 내려온다는 것이었다.

회사 분위기가 흉흉해졌다. 송 이사에 대한 소문이 상당한 불안감을 조성했기 때문이다. 별명이 독일병정인데 그 사람 마음에 들면 회사생활이 편하지만 그렇지 않으면 끝날 때까지 고달파진다, 사람이 워낙 날카로워 또 다른 별명이 면도날이다, 대충대충 하는 것은 절대 용납하지 않는다, 완벽주의자라 기대치를 만족시키기가 여간 어려운 게 아니다, 그 사람 때문에 옷을 벗은 사람이 얼마나 많은지 모른다 등등.

사람들은 바짝 긴장했다. 어떻게 해서든 그런 사람 밑에서 살아남는 게 관건이었기 때문이다. 그런데 그의 첫인상은 그렇게 날카롭지 않았다. 생김새도 수더분하고 말투도 털털하니 오히려 엉성한 구석도 있어 보였다. 뿐이랴, 이 업종에 대해 잘 모르니 많이 도와달라고 겸손까지 보였다. 송 이사가 업무 파악을 하는 동안 몇 주가 흘렀고 사람들 사이에서는 소문이 잘못되었다, 별거 아니라는 이야기가 돌면서 초기의 긴장도 조금씩 사라져갔다.

그때 그룹의 인사부서에서 새로운 인사제도에 대한 설명회를 열었다. 인사책임자가 1시간 동안 새로운 제도의 개념, 중요성, 예상 문제점, 협조 사항 등에 대해 상세하게 설명하고 나서 사람들에게 질문이나 코멘트가 있는지 물었다. 늘 그래 왔듯이 부서장들은 별 질문이 없다고 대답했다. 그때 송 이사의 눈빛이 잠시 빛났는데 아무도 그것을 눈치챈 사람은 없었다. 사실 사람들은 제대로 집중해서 듣지 않았다. 자신과는 크게 상관이 없다고 생각했던 것이다. 회의는 바로 끝났다.

사무실로 돌아와 일을 보고 있는데 송 이사가 나를 불러서 이런 질문을 던졌다.

"한 박사, 아까 인사부서에서 새 인사제도에 관해 설명을 했잖아요. 내가 보기에는 아주 중요한 변화고 논란거리가 많은 제도라 질문과 코멘트가 많을 걸로 생각했는데 한 박사는 질문도 없고 코멘트도 없던데요. 내가 이걸 어떻게 해석하면 좋은가요?"

그 한마디에 나는 모골이 송연해졌다. 마땅한 답변을 찾지 못한 내가 당황해하는데 송 이사가 말을 이었다.

"정말 인사제도에 대해 아무런 의견이 없는 것인지, 아니면 다른 부서 일에는 원래 관심이 없는 것인지, 도대체 해석이 안 돼요. 그러면 우리가 회의를 할 필요가 있을까요?"

등에서 식은땀이 났다. 그동안 무심하게 살아온 내게 직격탄을 날린 셈이었다. 점심때 동료 부서장을 만났더니 다들 송 이사로부터 비슷한 피드백을 받았다는 것이었다. 과연 명불허전(名不虛傳)이란 생각이 들었다.

다음 회의 시간이 어땠겠는가? 느슨했던 회의 시간은 긴장감으로 팽팽해졌다. 질문을 하고 코멘트를 날려야 하는데 그러자면 열심히 들어야 할 것 아닌가.

다들 앉는 자세부터 달라졌다. 삐딱하게 눕듯이 앉는 대신 허리를 꼿꼿이 세우고 앉았다. 눈빛도 달라졌다. '그게 도대체 나와 무슨 상관이야, 지겨우니까 빨리 끝내'라는 투의 게슴츠레한 눈빛은 더는 찾아볼 수 없었다. 질문이 넘쳐났다. '왜 그렇지요, 잘 이해가 안 되니 더 쉽게 설명해주세요, 예상되는 저항은 없을까요…' 메모를 하고, 질문을 하고, 동조 발언을 하고, 고개를 끄덕이고 한마디로 회의 분위기가 180도 바뀌었다.

송 이사의 말 한마디 때문이었다. 그가 특별히 무슨 이야기를 한 것은 아니다. 몇 가지 질문을 했을 뿐이다. 그것이 바로 리더의 커뮤니케이션이다. 리더의 말 한마디가 조직을 살릴 수도 죽일 수도 있다.

많은 리더들은 문제가 발생하면 제일 먼저 누군가를 비난하는 것으로 해결을 대신한다. 하지만 그것은 아무짝에도 쓸모없는 짓이다. 비난은 비난하는 사람의 마음은 조금 풀어줄지언정 상황을 바꾸지는 못한다. 리더의 비난이 문제를 해결하는 경우를 본 적이 있는가?

또한 비난은 방어와 회피를 부른다. 비난받는 대상은 자신의 행동을 고치기에 앞서 변명거리를 찾는 데 급급하게 만들고 방어적 태도를 취하게 만들 뿐이다. 비난만 해서는 사람들을 변화시킬 수 없다.

따라서 말을 할 때는 늘 목적을 생각해야 한다. 그리고 어떻게 해야 그 목적을 달성할 수 있을지를 고민해야 한다. 한마디 말로 원하는 목적을 달성하는 리더가 있는 반면, 일 년 내내 잔소리를 하고도 변화에 실패하는 사람도 있다.

질문이 조직을 바꾼다

소유권이 한국인에서 외국인으로 넘어간 회사에서 근무하는 매니저가 있다. 원래 그는 늘 불평이 가득한 못마땅한 얼굴로 다녔다. 오랜만에 그를 만났는데 얼굴이 환하게 달라져 있다. 깜짝 놀라 무슨 좋은 일이 있었느냐고 물었더니 "얼굴이 좋아졌지요? 요즘 그런 말을 자주 듣습니다"라고 밝게 웃으며 대답한다. 이유를 물었다.

"글쎄요. 회사 다닐 맛이 난다는 것이 가장 달라진 점입니다. 사장님과 사이가 좋아졌거든요. 예전 사장님은 입만 열면 명령 아니면 꾸중이고 잔소리가 심했어요. 그러다 보니 저 자신이 한심해지더군요. 그런데 새로 온 사장님은 묻기만 하면서 일을 시킵니다. 희한하게도 똑같이 일을 시키는데 느낌이 달라요. 일할 맛이 납니다."

좀 더 구체적으로 이야기를 해달라고 했다.

"이런 식입니다. 한번은 사장님이 저를 부르더니 '김 부장은 이 분야에서 영업한 지 얼마나 되나?'라고 묻더군요. '20년쯤 됩니다'라고 답했지요. '그러면 이 분야에서의 영업은 한국 최고겠구먼' 하기에 얼떨결에 그렇다고 했습니다. '그렇다면 글로벌하게도 김 부장이 최고인가?' 그건 아닌 것 같아서 아니라고 했더니 '그러면 글로벌하게 제일 잘하는 사람이 100점이라면 김 부장은 몇 점쯤 되나?' 하고 묻더군요. 별생각 없이 70점쯤 된다고 말했습니다. 그러자 '그렇다면 내년 이맘때쯤은 몇 점까지 올릴 생각인가? 그것을 위해 김 부장이 할 일은 무엇이라고 생각하나?' 그때야 저는 비로소 생각하기 시작했고 그것을 제 목표로 삼아 일을 했습니다. 사장님이 억지로 시켜서 한 것이 아니고 저 스스로 생각하고 실천하니 머리도 맑아지고 자부심도 생기더군요. 질문이 사람을 움직인다는 것을 알게 되었습니다."

정반대의 경우도 있다.

모 사장이 전화를 해서 자기 회사가 커뮤니케이션과 관련해서 문제가 있으니 와서 도와달라고 했다. 나는 1분기 실적을 검토하고 2분기 전략을 논의하는 임원 회의에 참석했다.

그런데 회의 시간 내내 사장 혼자 마이크를 잡고 이야기를 하는 것이었다. 지금 시장이 어떻게 움직이고 있고, 회사 상태는 어떻고, 문제는 무엇이고, 향후 대책이 뭐고….

그런데 뒤따르는 질문이 없었다. 간혹 질문이 없지 않았지만 기껏해야 떠밀려 하는 질문, 동조하지 않으면 안 되는 질문, 정답을 머릿속에 그려놓고 형식적으로 물어보는 질문이 고작이었다. 당연히 회의 분위기는 지루함, 짜증, 답답함의 연속이었다. 사장이 시장을 읽는 눈, 현상을 통찰하는 능력은 나무랄 데 없었지만 커뮤니케이션 능력은 빵점이었다. 그날 회의를 통해 얻은 것은 아무것도 없었다. 사장 혼자 훌륭하고 나머지 사람들은 아무것도 아니라는 사실을 재확인했을 뿐이다.

훌륭한 리더는 멋진 이야기보다는 멋진 질문을 던지는 사람이다. 질문은 사람을 지혜롭게 한다. 질문을 받을 때 사람은 비로소 머리를 사용한다. 그러므로 최고의 리더십은 질문을 통해 이루어진다.

질문을 하려면 겸손이 필요하다. 자신이 최고라고 생각하는 사람에게 질문이라는 단어는 존재하지 않는다. 모든 사람을 지시의 대상으로만 보기 때문이다. 그런 사람 밑에서 일하는 사람은 자신을 노예라고 생각한다. 모든 것을 수동적으로 할 뿐이다. 질문은 최고의 동기부여 도구다. 상사가 "자네 생각은 어떤가? 자네가 내 위치에 있다면 무엇을 어떻게 할 생각인가?"라고 물으면 어떤 기분이 들겠는가? 존중받는다는 느낌, 필요한 존재라는 느낌이 들 것이다. 동시에 상사를 실망시키지 말아야겠다는 생각도 하게 될 것이다.

질책도 질문으로 바꾸면 효과를 배가할 수 있다. 질책을 받고 '정말 내가 잘못했다. 다시는 그러지 말아야겠다'고 반성하기는 쉽지 않다. 질책 대신 자신에게 이런 질문을 던져보면 어떨까?

'내가 목표를 정확히 전달했는가, 필요한 자원과 시간을 주었는가, 제대로 할 수 있도록 충분히 훈련시켰는가?'

그런 질문을 던지면 함부로 야단치는 일은 줄어들 것이다.

질문은 진실한 마음으로 해야 한다. 진심으로 그 사람의 의견을 듣고 싶다는 마음에서 질문을 해야 상대도 편안하게 답변할 수 있다. 너무 갑작스러운 질문, 비난조의 질문, 이미 결론을 낸 상태에서 하는 질문, 부정적인 질문 등은 좋은 질문이 아니다. 그런 질문을 받으면 사람들은 입을 닫는다. 순수하게 질문하고, 긍정적 자세를 견지하고, 상대에게 답변할 시간을 주어야 한다. 무엇보다 자연스럽게 질문을 주고받는 문화가 중요하다.

한마디와 백 마디의 차이

정말이지 어떤 조직은 사장의 한마디가 전체를 움직이게 하고 정반대의 경우로 사장이 아무리 떠들어대도 콧방귀도 뀌지 않는 조직도 있습니다. 그 확연한 차이는 어디서 비롯되는 것일까요? 그리고 사장의 말 한마디에 조직 전체가 확 바뀐다는 것도 그리 바람직해 보이지는 않는데요?

콩으로 메주를 쑨다 해도 국민들이 믿지 않는 정치인이 있습니다.

왜 그럴까요? 그만큼 신뢰를 잃었기 때문이지요. 말과 행동이 다른 것, 국가의 발전보다는 끼리끼리의 발전에 관심을 갖는 것, 말을 함부로 해서 혼란과 분열이 일어나게 한 것, 인사상의 난맥….

반면 김수환 추기경이나 법정 스님이 한마디 하면 사람들은 어떻게 생각할까요? 귀를 쫑긋 세우고 무슨 이야기를 하나 들을 겁니다. 그만큼 사람들이 신뢰하고 존경하기 때문입니다.

커뮤니케이션은 신뢰와 비례합니다. 신뢰는 선의, 일관성, 공평함, 애정, 진심, 전문성의 결합입니다. 여러 가지 것들이 모인 결과가 신뢰가 되기도 하고 불신이 되기도 하지요. 그러므로 커뮤니케이션을 하기 전에 그 대상자들이 나를 어떻게 생각하는지, 신뢰도를 높이기 위해 무엇을 해야 할지를 늘 고민해야 합니다. 신뢰도가 높으면 커뮤니케이션은 최고의 상태가 됩니다. 눈빛 하나만으로도 서로 통하는 겁니다. 반대로 신뢰가 제로이면 아무리 유창하게 말을 해도 전혀 전달되지 않습니다.

멋진 피드백은
상식을 초월한다

피드백을 보면 그 사람의 수준을 알 수 있다. 가장 낮은 피드백은 비난하고 비판하는 것이다. 하지만 비난한다고 해서 문제가 해결되지는 않는다. 비난을 받은 사람이 개과천선하는 일은 더더욱 불가능하다. 비난은 비난하는 사람의 기분을 잠시 풀어주고 비난받은 사람의 저항감을 불러일으킬 뿐이다.

비난하고 싶은 충동이 일 때는 다음과 같은 질문을 해볼 것을 권한다.

'비난한다고 문제가 해결될까? 어떻게 해야 문제를 해결하고 상대의 마음을 움직일 수 있을까?'

가장 수준 높은 피드백은 상대가 전혀 비난받는다는 느낌이 들지 않게 하면서 스스로 깨닫게 하는 것이다. 결코 쉽지 않지만 효과적인 조직 운영을 위해서는 반드시 해야만 하는 일이다.

친구들이 나이가 든다는 것을 느낄 때가 있다. 바로 '요즘 젊은 사람은 이게 틀렸네, 저게 틀렸네' 하는 비판을 늘어놓을 때다. 교수를 하고 있는 친구의 이야기다.

"정말 요즘 애들은…. 교직원 식당은 교수와 직원을 위한 식당 아닌가. 그런데 요즘은 학생들이 더 많다니까. 심지어 거기서 생일파티까지 하더라고. 촛불을 켜고 손뼉을 치고 정말 가관이더군. 보다 못한 동료 교수가 말렸더니 '우리 등록금 갖고 만든 식당인데 왜 우리는 못 들어옵니까?'라며 따지는 거야. 이 정도 되면 정말 막가자는 이야기 아냐?"

그 이야기를 듣고 대기업 임원으로 있던 친구가 반박했다.

"교직원 식당을 없애면 되잖아? 교수와 학생이 반드시 따로 밥을 먹으라는 법이 어디 있나? 이 기회에 식당을 통폐합해서 교수와 학생 간의 거리도 없애고 하면 되겠네."

그러면서 자신의 이야기를 했다.

"우리 공장에 직원 한 명이 머리를 노랗게 물들이고 나타났어. 참 눈에 띄더군. 같이 밥을 먹으면서 내가 물었지. '머리는 어디서 했나? 아주 멋진데 나도 한번 해볼까? 자네 생각은 어떤가?' 그러자 이 친구가 펄쩍 뛰면서 고개를 젓더군. '저야 젊으니까 머리를 염색해도 되지만 전무님이 그러면 되겠습니까?' 그래서 내가 반문했지. '왜 자네는 되고 나는 안 되나?' 결국 그 친구는 말문이 막혔고 나는 정확하게 내 의사를 알렸지.

또 이런 일도 있었어. 우리 공장 사무실은 운동장처럼 탁 트여서 공장 직원과 지원부문 간에 칸막이 같은 게 없어. 지원부문에 근무하는 직원들이 불만을 토로하더군. '공장 직원들이 몰라야 좋은 일들이 많이 있습니다. 급여 문제, 인사 문제 등등. 그런데 탁 트여 있으니까 여간 신경이 쓰이는 게 아닙니다. 제발 따로 방을 만들어주세요.'

그래서 '내 방이 크니까 자네들이 내 방으로 들어가라고. 대신 내가 밖으로 나가지' 하고 내가 제안했지."

그 친구는 실제로 사무실 구석에다 옹색하게 자기 책상을 놓았다. 그런데 그 지역 공무원이 공장 구경을 왔다가 그걸 보고는 혀를 차며 말했다. "도대체 무슨 회사가 공장장 사무실이 없어요?" 그 이야기를 들은 지원부문 직원들이 사무실을 원위치시키자고 했지만 그는 거절했다. 현장과 가까이 있으니 여러 가지 정보도 잘 들리고 직원들과 친해져서 좋다고.

예부터 젊은이에 대한 비판은 항상 있었다. 물론 요즘 젊은이들에게 지나친 점이 있을 수 있다. 하지만 예전 사람과 비교해서 지금 젊은이들은 몹쓸 존재라는 식의 비하는 문제가 있다. 젊음의 특성이란 반항하고, 소리쳐보고, 어깃장도 놓아보고, 무언가 새로운 시도를 하는 것이다. 그저 순종하는 젊음은 젊음이 아니다. 중요한 것은 새로운 시각에서 그들을 이해하려는 노력이며 마음에 안 드는 구석이 보이면 기분을 상하지 않게 하면서 피드백하려는 어른다움이다.

인상을 쓰고 혀를 찬다고 해서 그들이 변화하지는 않는다. 이왕이면 그들과 공감대를 형성하려고 노력하면서 그들 스스로 생각하게 하는 것이 현명한 리더의 태도다.

철강업계의 신화인 찰스 슈왑은 카네기로부터 100만 달러 이상의 연봉을 받았던 최고경영자다. 언젠가 그가 제련소를 돌아보고 있을 때 직원 몇 명이 금연 표지판 아래에서 담배를 피우고 있는 것을 보았다. 하지만 슈왑은 표지판을 가리키면서 "이봐, 무슨 짓이야! 글자도 못 읽나?"라고 소리치지 않았다. 대신 그들에게 다가가 이런저런 이야기를 나누었다. 물론 흡연에 대해서는 한마디도 언급하지 않았다. 이야기를 마치면서 슈왑은 담배를 피운 직원들에게 시가를 하나씩 나누어주었다. 그러고는 눈을 찡긋하면서 "이 시가는 밖에서 태워주면 고맙겠네"라고 말했다.

여기서 생각해볼 것들

1. 누군가 당신에게 피드백을 했는데 거부감을 가졌던 사례를 생각해보고 그 이유를 떠올려보자.
2. 누군가의 피드백을 순순히 받아들였던 사례와 그 이유는?
3. 당신이 하고자 하는 피드백을 부드럽게 하기 위해 필요한 것은 무엇일까?
4. 이를 통해 본 피드백의 요건은?

훌륭한 피드백을 위한 성질 죽이기

찰스 슈왑의 이야기는 정말 상식을 초월하는 멋진 피드백이라고 생각합니다. 그렇다면 이런 경우에는 어떻게 하면 좋을까요? 부하직원이 기획안을 제출했는데, 실망스러운 상태입니다. 저는 성질이 좀 급한지라 대놓고 이야기하는 편인데, 별로 바람직해 보이지 않거든요. 선생님이라면 어떻게 하시겠습니까?

사람마다 대응 방법이 다 달라야 한다는 것은 기본입니다. 아무것도 모르는 신입 직원에게는 친절하게 일일이 일하는 방법을 가르쳐주어야 합니다. '이러이러한 것이 문제이고 이럴 경우는 이렇게 하는 것이 좋다, 목적을 분명히 하고 왜 그래야 하는지 이유도 달아라, 결론은 이렇게 하는 것이 좋을 것 같다…' 이런 식으로 말입니다.

하지만 3년 차 직원이 계속 그런 기획안을 낸다면 대응 방법이 달라야겠지요.

2가지로 나누어 생각할 수 있습니다. 하나는 자질이 없는 것이고 다른 하나는 자질은 있지만 자기 노력이 부족한 것이지요. 자질이 없는 경우는 솔직하게 피드백해야 합니다. 그리고 그 사람에게 맞는 자리로 옮겨주든지 다른 직장을 알아보도록 권유하는 것이 회사를 위해서나 본인을 위해서나 좋습니다. 한 살이라도 젊었을 때 이 일은 자신의 적성이 아니라는 것을 알아야 그 사람도 새로운 기회를 찾아볼 수 있습니다. 자기 노력이 부족한 사람에게는 강하게 피드백해야 합니다.

"내가 보기에 자네는 노력이 부족해. ○월까지 개선할 기회를 주겠네. 그때까지 개선의 성과가 보이지 않으면 어떻게 해야 할지 자네가 생각해서 보고하게."

그야말로 긴장감을 높이는 것입니다. 그리고 약속 시점에서 다시 한번 생각을 하는 겁니다. 최악의 리더는 우유부단한 리더입니다. 결단을 내리십시오. 그리고 커뮤니케이션하십시오.

피드백이
인재를 만든다

왜 우리는 변화하지 못하는 것일까? 무엇보다 자신의 정확한 모습을 모르기 때문이다. 이빨 사이에 고춧가루가 끼었다는 사실을 알고도 가만히 앉아 있는 사람은 없다. 모르기 때문에 가만히 있는 것이다. 스스로 그 사실을 깨닫지 못할 때는 누군가 고춧가루가 끼었다는 사실을 이야기해주어야 하는데 이것이 바로 피드백이다. 그런 의미에서 피드백은 자신의 모습을 비춰주는 거울과 같다.

내가 몸담았던 서울과학종합대학원은 3년 전 문을 연 경영전문대학원이다. 단기적으로는 일본의 마쓰시타 정경숙을 벤치마킹하여 미래의 한국을 이끌어갈 인재를 양성하겠다는 목표로 출발했다.

이 학교의 특징 중 하나는 4T 위주의 교육이다. 단순한 경영학 지식만으로는 복잡한 환경을 헤쳐나갈 수 없다는 생각에서 윤리(eThics), 팀워크(Teamwork), 스토리텔링(sTorytelling), 기술(Technology)의 중요성을 강조하여 4T를 주제로 한 커리큘럼을 구성했다. 물론 일반적인 경영학 수업도 있다.

또 한편으로는 학술적인 것보다는 현장 위주의 학습을 강조한다. 이를 위해 전·현직 CEO를 비롯한 산업현장의 전문가 70명 정도를 겸임교수로 초빙하여 이들에게 수업의 많은 부분을 맡기고 있다. 전임교수는 물론 강의도 하지만 주로 PD 역할을 한다.

한 학기가 끝나면 피드백 자리를 갖는다. 교수 전원이 참석하여 학생을 한 명씩 불러 질문을 하고 의견을 듣고, 한 학기 동안 그 학생에 대해 느낀 점 등을 피드백한다. 무엇보다 학생들이 한층 더 성숙해졌다는 것, 손에 잡히지는 않지만 뭔가 의젓해지고 표정이나 태도에서 안정감이 느껴지는 자리다.

한 학기 동안 배운 점에 관해 물었을 때 학생들은 대부분 이렇게 고백한다.

"그동안 저 자신이 정말 무지했고 좁은 시야를 갖고 살았다는 것을 느꼈습니다. 또 별다른 목표 없이 살아왔다는 것을 고백합니다. 여러 측면에서 많은 자극을 받았습니다."

"그런 느낌을 통해 구체적으로 일어난 변화가 무엇인지 이야기해 주십시오."

이런 질문에는 여러 가지 답변이 나온다. 책을 많이 읽기로 결심한 학생도 있고, 영어를 위해 좀 더 많은 시간을 투자하기로 결심한 학생도 있고, 체력단련의 중요성을 절감한 학생도 있다.

마지막으로 한 학기 동안 학생을 관찰하면서 느꼈던 점에 대해 교수들이 날카로운 피드백을 준다. 또 그런 피드백을 근거로 많은 약속을 얻어낸다. 담배를 끊고 불룩 나온 배를 날씬하게 만들겠다, 토익을 900점 이상으로 올리겠다, 좀 더 적극적으로 사람들과 접촉하고 발표에도 나서겠다, 불필요한 말을 줄이고 신중해지겠다, 아침에 일찍 일어나고 독서의 양을 대폭 늘리겠다, 공부하는 방법을 개선하겠다….

사실 피드백은 괴로운 일이다. 하는 사람이나 받는 사람 모두에게 그렇다. 할 수만 있다면 아무 말 안 하고 지금 하던 대로 계속하는 것이 가장 편할 수도 있다. 하지만 자신이 좀 더 괜찮은 사람이 되고 싶고 다른 사람을 향상시키고 싶은 사람에게 피드백은 필수불가결한 도구다.

피드백은 두 사람 사이에 적절한 신뢰관계가 있어야 한다. 저 사람이 자신에게 관심과 애정이 있다는 판단이 서야 주고받을 수 있다. 또 장소와 타이밍이 중요하다. 반드시 상대방에게 이야기하기에 적절하고 효과적인 시점을 선택해야 한다. 또 구체적이어야 한다. 2002년 월드컵의 주역이었던 히딩크는 피드백의 귀재다. 그는 선수를 탈락시킬 때 반드시 그 사유를 전달한다. 자신이 탈락한 분명한 이유를 모르면 쓸데없는 오해를 사고 개선이 안 되기 때문이다. 이동국을 탈락시킬 때도 그랬다. "당신은 재능은 있지만 운동장 안에서 부지런하지 않다. 그렇기 때문에 당신은 탈락이다."

리더의 역할에서 빼놓을 수 없는 것이 부하직원 육성이다. 이를 위해 가장 필요한 것이 수준 높은 피드백이다. 관심과 애정을 갖고 관찰하고, 자신의 눈에 비친 부하의 모습을 진실하게 이야기해주고, 잘하는 점은 더욱 잘할 수 있게 격려하고, 개선할 점은 예리하게 지적해주는 것이다. 마음의 문을 열고 피드백을 원활하게 주고받는 문화를 만들기만 해도 생산성이 몇 배는 올라갈 것이다.

여기서 생각해볼 것들

1. 피드백해주고 싶은 주변 사람을 떠올려보고 무슨 이야기를 해줄 것인지 생각하라. 잘하는 점은 무엇이며, 개선을 필요로 하는 점은 어떤 것인가?
2. 그 사람과의 신뢰 정도는 어떠한가? 당신이 피드백을 할 때 그 사람이 어떤 반응을 보일 것인가?
3. 어떻게 해야 초기저항을 줄이고 부드럽게 하고 싶은 이야기를 할 수 있을 것인가?
4. 머릿속으로 피드백을 할 순서를 생각해보라. 어떻게 자리를 만들 것인가? 무슨 말부터 시작할 것인가? 예상되는 저항은 어떤 것인가? 마무리는 어떻게 할 것인가?
5. 피드백이 제대로 작동하는지를 알 수 있는 수단은 무엇일까?

피드백할 때 초기저항이 두렵다?

어떻게 해야 초기저항을 줄이고, 하고 싶은 이야기를 부드럽게 할 수 있을까요?

초기저항을 줄이는 방법은 없습니다. 일반적으로 그 사람의 장점을 죽 늘어놓은 다음 할 말을 하는 식인데, 이는 그다지 효과적이지 않습니다. 장점을 이야기하는 동안 상대는 이런 생각을 합니다. '도대체 무슨 이야기를 하려고 이렇게 장광설을 늘어놓지? 할 말이 있으면 빨리 하라고.'

이렇게 되면 칭찬도 피드백도 제대로 작동하지 않습니다. 초기저항을 줄이는 최고의 방법은 평소에 관심과 애정을 갖는 것입니다. 인간적으로 대하는 겁니다. 그래서 상대가 '저 사람은 내가 성공하기를 진심으로 바라는 사람이야'라는 생각을 갖게 해야 합니다. 두 사람 사이에 충분한 애정과 신뢰를 쌓는 것이 초기저항을 줄이는 최고의 방법입니다. 하지만 거기에도 한계는 있습니다. 차라리 '저항이 있을 것이다, 그래도 그 사람을 위해서는 해야 한다'고 생각하는 것이 맘이 편합니다. 늘 좋은 사람으로 남고 싶다는 욕구를 버리고 때로는 욕을 먹는 것이 리더가 할 일이라고 생각하는 것이 좋습니다.

피드백,
이것만은 꼭 지켜라

사람들은 얼마나 정직하게 이야기를 하고 있을까? 특히 조직 내에 서는 어떨까? 느낀 대로 이야기하고 현장의 문제점을 사실대로 이야 기할까? 아니면 상사가 원하는 방향으로 이야기할까? 솔직하지 못하 다면 그 이유는 무엇일까? 솔직하지 못한 것을 비용으로 계산한다면 얼마나 될까?

잭 웰치는 승리를 위해 가장 필요한 것으로 정직성을 꼽았다. 그는 이렇게 이야기한다.

"정직성은 승리하기 위한 필수요소다. 정직성이 담보되면 사람들 은 더 많은 아이디어를 제시하고 논의하며 비판하고 문제를 개선해 나간다. 정직함이 없으면 솔직한 의견이 나오지 않고 그러면 들을 게 없다. 당연히 발전도 없다."

정직성을 확보하기 위해 필요한 것은 무엇일까? 바로 정확한 피드백을 주고받는 것이다. 하지만 현실은 그렇지 않다.

어느 대기업의 연구소장인 최 전무가 대표적이다. 그는 피드백을 할 때 솔직하지 않다. 늘 다른 사람의 의견을 빌려 이야기한다. 이런 식이다.

"나는 이런 말을 안 하려고 했는데 김 이사 밑에 있는 직원들이 이런 불만이 있어요. 상사가 너무 일찍 퇴근하고 영업에 소홀하다고. 알잖아요, 저야 성과만 내면 되지 개인의 스타일에 대해 왈가왈부하고 싶지 않은데 부하직원들이 그러니 어쩌겠습니까? 신경 써주세요."

그 이야기를 들은 김 이사는 기분이 확 상한다. 상사로서 떳떳하게 자기 생각을 밝히고 의견을 나누면 되지 왜 엉뚱한 부하직원을 파느냐 말이다. 상사가 일찍 퇴근하면 부하 입장에서는 오히려 좋을 것 같은데 그게 무슨 불만인가?

한편 부하직원한테는 이렇게 말한다.

"박 차장, 요즘 잘 지내요? 김 이사와는 어떻습니까? 내가 알기로는 김 이사가 당신한테 불만이 많더군요. 술을 너무 많이 먹고 그 때문에 지각을 자주 하는 통에 기강이 서지 않는다고. 사람이 살다 보면 술도 먹을 수 있고 그럴 수도 있는 거죠. 나야 이해하지만 김 이사가 좋아하지 않는 것 같으니 어쩌겠습니까?"

한마디로 자신은 누구에게나 잘해주고 싶고 잔소리 같은 것은 아예 안 하고 살고 싶은데 당신 부하직원이 그러니, 또 당신 상사가 그러니 그런 행동을 하지 말라고 이야기하는 것이다. 남이 이야기하는 것처럼 해서 자기 생각을 전달하는 최 전무의 나쁜 습관으로 인해 그 조직은 늘 삐거덕거린다.

좋은 피드백이란 어떤 것일까?

첫째, 공격 대신 질문을 하는 것이다.

당신이 일을 망쳐놓았다, 당신 때문에 일이 이 지경으로 되었다고 야단치기보다는 상대 입장에서 질문하는 것이 좋다. 질문은 자신이 해답을 갖고 있지 않다는 사실을 암시한다. '당신의 그런 행동이 조직에 어떤 영향을 준다고 생각하나요?'라는 식의 질문은 상호 간의 대화를 낳고 일방적인 잔소리보다는 바람직한 결론으로 이끌어준다. 그리고 더 나아가 자신이 내린 결론이기 때문에 강한 책임감을 갖게 만든다. 윗사람이 일방적으로 이야기하면 사람들은 잠자코 눈을 내리깔고 듣는다. 동의하지 않는다, 동의는 하지만 당신 말대로 하기는 싫다는 의미가 숨어 있는 것이다. 하지만 자기 입으로 한 말에는 책임을 지려는 것이 사람들의 속성이다.

질문은 현명해야 한다. 타이거 우즈의 아버지가 그렇다. 그는 타이거 우즈가 세 살 때 이런 질문을 던졌다.

"볼을 치기 전에 무엇을 알아야겠니?"

그러자 우즈는 "얼마나 보낼지 거리를 알아야겠지요"라고 답했다.

아버지가 "또 없니?"라고 되물었다. 우즈는 잠시 생각하는 듯하더니 "벙커, 디봇자리, 바람의 강도를 알아야 돼요"라고 말했다.

이처럼 질문은 어린 타이거 우즈를 스스로 생각하는 사람으로 만들었다.

둘째, 적절한 시점이 중요하다. 회사에서 동료와 말다툼이 잦은 직원이 있다. 걸핏하면 핏대를 세우고 싸우는 바람에 업무가 마비되고 분위기가 썰렁해지곤 한다. 이것을 계속 방치할 경우 본인에게도 조직에도 문제가 된다. 그런 경우에는 너무 빨라도 안 되고 너무 늦지도 않게, 격한 감정이 가라앉기를 기다렸다가 조용히 불러 이야기하는 것이 좋다. 사무실에서 걸핏하면 싸우고 소리 지르는 행위에 대해 어떻게 생각하는가, 그런 행동이 조직에 어떤 영향을 준다고 보는가 등의 질문을 던지면서 그 사람의 반응을 보는 것이 좋다. 물론 다 수긍을 하지는 않더라도 분명히 자기 잘못이라고 생각하면 본인이 인정하고 앞으로 어떻게 하겠다는 의사를 밝힌다.

타이밍은 아주 중요하다. 따끈따끈할 때 이야기하는 것이 중요하다. 모든 사람이 생생히 기억하고 논란의 여지가 없을 만큼 증거가 확실할 때 실수나 잘못을 지적해야 한다.

"자네 혹시 기억이 날지는 모르겠지만 몇 달 전에 연속해서 지각을 한 적이 있지. 그 일에 관해서 이야기를 하려고 하는데 말이야" 하는 식의 피드백은 안 하느니만 못하다. 괜한 반감만 살 뿐이다. 따끈따끈할 때 하든가 아니면 그냥 지나쳐라.

셋째, 일대일로 직접 전달하는 것이 좋다. 피드백의 목적은 잘못을 지적하여 고치도록 하는 데 있다. 그리고 그 효과는 상대방이 받아들일 수 있는 상황에서만 나타날 수 있다. 피드백을 하는데 제삼자, 특히 피드백 받는 사람의 부하직원이 그 자리에 있다면, 그는 자존심에 상처를 입고 체면을 깎였다고 느낄 것이다. 자신의 잘잘못을 생각하기 전에 망신을 준 사람을 원망하게 될 것이다. 그러므로 피드백은 될수록 개인적으로 전달하는 것이 좋다. 그 자체가 그 사람을 존중한다는 메시지를 준다.

눈높이를 맞추는 것도 중요하다. 상대가 어떤 사람인지를 정확히 파악하여 그 사람의 언어로 이야기해야 잘 먹히기 때문이다. 박정희 대통령이 한양컨트리클럽에서 플레이할 때의 일이다. 대통령이 친볼이 슬라이스가 나자 코치는 이렇게 이야기했다.

"각하, 지금 각하의 스윙은 2시 방향에서 8시 방향입니다. 4시 방향으로 더 돌렸다가 10시 방향으로 맞추십시오."

포병 출신인 박정희 대통령은 확실하게 알아들었다.

넷째, 구체적인 행동에 관해 이야기해야 한다. 피드백에서 가장 피해야 할 것은 모호한 말이다. 예를 들어, '책임감이 없는 것 같다, 주도적이지 않다, 매사에 시큰둥하다'는 식의 피드백은 좋지 않다. 개인을 꼬집어 지적한다는 느낌을 주기 때문에 효과가 떨어진다. 그보다는 '김 대리는 왜 회의 때 한마디도 하지 않는가', '출근 시간에 자주 늦는 이유가 뭔가'와 같이 구체적인 행동을 이야기해야 한다. 특히 개인을 비난하지 말고 그 사람이 한 구체적인 행동을 가지고 이야기하는 것이 좋다.

다섯째, 1절만 할 것. 한번 말문을 열면 내친김에 그동안 쌓였던 모든 것을 정산하려는 사람이 있다. 옛날 일까지 들추면서 사람의 속을 뒤집는 사람도 있다. 하지만 이런 경우 효과는 반감된다. 사람들은 현명하다. 척하면 대부분 알아듣는다. 두고두고 되씹고 곱씹고 길게 끄는 것은 전혀 도움이 되지 않는다. 피드백은 경제적으로 하는 것이 좋다. 딱 1절만 하라.

피드백할 때는 한 번에 하나만 주문해야 한다. 이것저것 너무 많은 것을 주문하면 사람들은 헷갈리고 이내 포기한다. 하지만 사람들은 흔히 이런 실수를 저지른다. 너무 많은 것을 주문하면 그에 상응하는 결과를 얻기는커녕 "저는 이대로 살다 갈래요. 그러니 그만 냅둬요!" 와 같은 저항과 자포자기를 불러오기 쉽다.

아인슈타인의 코치가 아인슈타인에게 이것저것 많은 것을 주문했다. 그러자 화가 난 아인슈타인이 볼 네 개를 한꺼번에 코치에게 던지며 한 번에 받으라고 했다. 코치라고 한 번에 받을 턱이 있겠는가.

여섯째, 때로는 그냥 지나가는 것도 답이다. 하고 싶은 말은 다 하는 사람이 있다. 모든 것을 사사건건 지적해야 직성이 풀리는 사람도 있다. 하지만 때로는 못 본 척 넘어가는 것이 상책인 경우도 있다. 대개의 경우 사람들은 자신의 잘못을 알고 있고 반성도 한다. 오히려 지적을 받으면 잘못했다는 것을 알면서도 억지를 부리게 된다. 거꾸로, 분명히 잘못했지만 못 본 척하면 오히려 더 미안해서 잘못된 행동을 삼가는 경우도 있다. 때로는 그냥 넘어가는 것도 한 가지 방책이다.

이왕이면 다홍치마라고, 같은 이야기라면 유머 있게 하는 것이 좋다. 황희가 정승이 되었을 때의 일이다.

당시 공조판서로 있던 김종서는 거만하기 짝이 없었다. 의자에 앉을 때도 삐딱하게 앉아 거드름을 피웠다. 하루는 황희가 하급 관리를 불러 이렇게 말했다.

"김종서 대감의 의자 다리 한쪽이 짧은 모양이니 가서 고쳐주고 오너라."

그 한마디에 김종서는 정신이 번쩍 들어 크게 사죄하고 자세를 고쳐 앉았다. 뒷날 그는 이렇게 말했다.

"내가 육진에서 여진족과 싸울 때 화살이 빗발처럼 날아오는 속에서도 조금도 두려운 줄 몰랐는데, 황희 대감의 그 말씀을 듣고 나도 몰래 등에서 식은땀이 줄줄 흘러내렸네."

정색하고 한 꾸지람보다 돌려서 말한 한마디가 거만하기 짝이 없던 김종서를 진심으로 뉘우치게 한 것이다.

피드백이란 이런 것이다. 돌려서 말한 은근한 한마디가 되풀이해서 설명하는 긴말보다 백배 낫다. 때로는 그냥 지나치는 것도 답이다. 모든 실책을 다 지적할 수는 없는 노릇이다. 그냥 지나가도 본인이 아는 경우가 많이 있는데 그때는 내버려두는 것이 현명한 피드백이다.

피드백에 정해진 법칙이나 완벽한 공식은 없다. 사람에 따라, 상황에 따라, 때에 따라, 경우에 따라 시의적절하게 행해야 한다. 피드백에서 무엇보다 중요한 것은 개인에 대한 배려다. 진심으로 그 사람에게 관심이 있고, 그 사람이 잘되기를 바라고, 하나의 인격체로 대하는 것이 성공적인 피드백을 위한 필요충분조건이다.

여기서 생각해볼 것들

1. 어떤 사람에게 피드백할 것인가?
2. 피드백을 하기 위해 언제 어디서 만나는 것이 좋은가?
3. 어떤 구체적인 행위 혹은 사건을 이야기할 것인가?
4. 예상되는 반응과 대응 전략은?
5. 전체적으로 잘되는 부분은 어떤 것이고 의도대로 되지 않은 부분은 어디인가?
6. 피드백 프로세스를 통해 배운 것은 무엇이고 더 고민할 부분은 어디인가?
7. 성공한 피드백과 실패한 피드백을 통해 얻은 나만의 노하우가 있다면?

리더의 언어는
소리 없이 강하다

한 몸처럼 움직이는 조직들의 소통방식

리더십은
커뮤니케이션이다

입을 여는 족족 조직에 분열을 일으키는 리더가 있다. 사람들은 그를 '오럴 해저드'(Oral Hazard)라 부른다. 말이 앞서고, 필요 없는 말을 하고, 안 해도 될 말을 하는 바람에 쓸데없는 오해가 생기기 때문이다.

한번은 술을 마시다 기분이 좋아진 모 사장이 월말에 보너스를 주겠다고 큰소리를 쳤다. 그러고 나서 금세 잊었다. 하지만 직원들은 생생히 기억하고 있었다.

월말이 되어도 보너스가 나오지 않자 직원들은 웅성거리기 시작했다. 참다못한 직원 한 사람이 사장에게 알렸고 미안해진 사장은 뒤늦게 보너스를 지급했다.

하지만 보너스의 효과는 없었다. 기쁘고 고마운 보너스여야 하건만 어차피 줄 것을 왜 늦게 주느냐고 오히려 원망이 뒤따랐다.

늘 말이 앞서는 리더는 그 때문에 적잖은 손해를 본다. 줄 것 다 주면서 욕은 욕대로 먹는다. 입만 다물면 최고의 리더가 될 수도 있을 것 같은데 언제나 행동을 추월하는 입 때문에 그간의 공적을 다 까먹는다.

연구소장인 박 전무는 연구소 분위기가 너무 안 좋다는 직원의 말을 듣고 대책을 논의했다. 늘 해외출장이다 뭐다 해서 직원들을 챙기지 못하고 제대로 커뮤니케이션을 하지 않았기 때문이라고 자가진단을 한 그는 젊은 직원 중 오피니언 리더들을 회의실로 불렀다. 그리고 무엇이 문제이고 불만인지를 물었다. 아무런 사전 정보 없이 불려온 직원들은 그때부터 무엇이 불만인지를 생각하고 말하기 시작했다. 처음에는 별 뜻 없이 제기한 불만 사항이었지만 말을 하면서 이내 가속이 붙기 시작했다. 옆 사람도 동료의 이야기를 들으면서 잊고 있던 불만을 새롭게 기억하고 불만을 확대재생산했다. 불만이 또 다른 불만을 낳으면서 회의실은 완전히 연구소장 성토대회장으로 변해버렸다. 나중에는 이렇게 불만이 많은 연구소에서 그동안 어떻게 일해왔는지 어안이 벙벙할 지경까지 이르렀다. 박 전무는 뭔가 잘못되고 있다는 것을 느껴 뒤늦게 수습에 나섰지만 그러기에는 너무 늦었다.

이처럼 리더가 어떻게 커뮤니케이션을 하느냐에 따라 분위기도 달라지고 성과도 달라진다. 만족도 달라진다. 리더십의 핵심은 커뮤니케이션이다.

커뮤니케이션으로 리더십을 발휘한 대표주자가 있다. 프리씨이오 대표이자 LG그룹의 인사자문이었던 김영태 사장이 그 주인공이다. 그는 지금의 LG CNS를 만들어 반석 위에 올린 인물이다. LG그룹 재직 시 한국에서 처음으로 라디오를 수출한 뒤 LG화학의 구매과장, 관리담당 상무, 화성사업부 상무를 거친 후 LG그룹의 기획조정실에서 4년 동안 그룹 전반의 경영을 지원했다. 1987년에는 미국 EDS와 합작으로 에스티엠(현 LG CNS)을 설립하여 9년간 대표이사로 근무했다. 김영태 사장이야말로 중견 규모의 금성사와 럭키화학을 지금의 LG그룹으로 만드는 데 기여한 공신이자 한국 SI 업계의 산증인이다.

무엇보다 그는 강직성 척추염, 일명 대나무병(척추가 굳어지면서 허리가 굽는 병)을 극복하고 기업을 일으키고 사장까지 지낸 인간승리의 신화이다. 그의 성공에 가장 큰 역할을 한 것은 바로 커뮤니케이션이었다.

리더십은 바로 커뮤니케이션이라는 것이 그의 철학이다. 커뮤니케이션 없이 리더십 발휘는 불가능하다. 아무리 좋은 아이디어와 철학이 있어도 커뮤니케이션이라는 통로가 막혀 있으면 아무 소용이 없다.

사람들은 좀처럼 진실을 이야기하려고 하지 않는다. 이것은 분명 어딘가에 문제가 있기 때문이다. 리더는 말할 분위기를 만들어 사람들이 터놓고 자유롭게 사실을 밝히고 의견을 교환할 수 있게 하는 데 정신을 집중해야 한다. 얼어붙은 분위기를 풀고 상대를 무장해제시켜야 한다.

국무회의를 보면 무엇이 연상되는가? 일방적인 지시나 훈계가 난

무하고 상급자가 혼자서 북 치고 장구 치는 원맨쇼를 연상시킨다. 이런 의사전달 체계를 가지고는 좋은 아이디어가 나올 수도 없고 질 높은 의사결정이 이루어질 리도 없다.

정보과잉 시대에는 고객과의 접점에 있는 직원들이 고급 정보를 오히려 더 많이 갖게 된다. 이들의 정보와 지혜를 모으기 위해서는 쌍방향 커뮤니케이션이 필수적이다. 이를 위해서는 지시보다 질문이, 말하기보다 경청이 필요하다.

NCAA(전미국대학농구선수권대회)에서 6번이나 우승을 차지한 팻 서밋 감독은 하프타임을 전략적으로 활용했다. 하프타임이 되면 일단 선수들끼리 게임에 대해 토의하고 반성하도록 하고 자신은 코치들과 전반전에 대한 의견을 나눈다. 게임에 대해 제일 많이 느끼고 할 말이 많은 사람은 바로 선수 자신들이라는 것을 잘 알기 때문이다. 활발하게 의견을 나눈 다음에 모두 모여 다시 이야기를 나눈다. 감독은 무엇이 문제였다고 생각하는지, 그래서 대안은 무엇인지를 묻고 선수들의 이야기를 들은 후 자기 생각을 이야기함으로써 공감대가 형성된 전략을 도출한다.

자기 생각과는 다르지만 감독이 하라고 해서 하는 것과 자기 생각이 더해진 전략을 갖고 게임을 하는 것 가운데 어느 것이 더 큰 힘을 발휘할까? 커뮤니케이션이란 이런 것이다. 커뮤니케이션을 통해 선수들의 참여와 의지를 적극적으로 이끌어내는 것이다.

김영태 사장도 이와 비슷한 전략을 구사했다. 그는 기업의 성장을 방해하는 원흉으로 관료주의를 꼽는다. 그의 생각을 들어보자.

윗사람과 아랫사람이 따로 놀고, 회사 이익보다는 부서이기주의로 빠지고, 예전 방식을 고집하는 관료주의를 방지해야 경쟁에 이길 수 있다. 이를 위해 미래구상위원회를 만들었다. 일명 청년임원회의다. 입사 2, 3년 차 직원을 10명 정도 선발하여 회사의 미래에 대해 고민하고 이슈를 제기하게 했다. 그들은 수시로 모여 회사의 미래에 대해 이슈별로 토론을 하고 고민도 하고 거기에 대해 조사도 하면서 공부를 한다.

그 결과를 가지고 한 달에 한 번 사장, 임원과 같이 회의를 하는데 그 과정에서 회사의 문제점도 짚어내고 쓴소리도 주저함이 없이 한다. 그중에는 회사의 방향과 정반대의 것도 있고 말이 안 되어 보이는 것도 있다. 이 회의의 특징은, 사장은 절대 이야기를 해서는 안 된다는 것이다. 열심히 경청하고 기록할 수 있는 권한만 있기 때문이다. 끼어들고 싶고 해명하고 싶은 충동을 느끼더라도 참고 견뎌야 한다. 회의록을 만들어 전체가 공유하게 하고 그중에 많은 것을 실제 행동으로 옮기자 조직이 살아 움직이기 시작했다.

회사의 미래에 직원들을 참여시킴으로써 같은 배를 타고 있다는 느낌을 불어넣었던 것이다.

커뮤니케이션은 말을 많이 하는 것을 뜻하지 않는다. 말이 많다고 커뮤니케이션이 활발한 것은 아니다. 잘못된 이슈에 대해 말을 많이 하는 것은 조직을 소통 불능의 상태로 만든다. 회사의 미래에 대해 같이 걱정하고 대책을 논의하는 것은 바람직하지만, 반대로 왜 이런 지경이 되었느냐, 네 잘못이냐 내 잘못이냐를 갖고 싸운다면 이것은 바람직한 커뮤니케이션이 아니다. 이보다는 어떤 어젠다에 대해 이야기를 하고 있는가가 더 중요하다. 리더는 어젠다를 찾아내고 여기에 구성원을 끌어들일 수 있어야 한다.

혼자만의 꿈은 단순한 꿈으로 그치지만, 여러 사람이 동시에 꾸는 꿈은 현실이 된다. 성공적인 조직은 늘 비전에 관해 이야기한다. 리더는 비전을 밝히고 직원도 자기 생각을 표현하고 방법도 고민하고 이룬 후의 모습에 대해서도 함께 상상한다. 그것이 커뮤니케이션이다. 리더십은 커뮤니케이션이다.

> 인간에게 가장 중요한 능력은 자기 표현력이며 현대의 경영이나 관리는 커뮤니케이션에 의해 좌우된다. -피터 드러커

마음이 마음을 연다

말은 생각을 비추는 거울이다. 식당에서 종업원에게 반말을 하는 사람들은 '내 덕분에 네가 먹고산다'는 생각을 하고 있는 것이다. 고위 공무원, 대기업 간부 등 소위 힘 있는 '갑'(甲)의 생활을 오래 한 사람들은 눈빛, 걷는 모습, 말하는 투가 다르다. 늘 자신에게 굽신대는 '을'(乙)에 익숙하기 때문이다. 그래서 권위적으로 말한다. 언제나 따

지듯이 이야기함으로써 상대를 주눅이 들게 한다. 가르치는 입장에 있는 교수들도 비슷하다. 그들에게 모든 사람은 가르쳐야 할 대상이다. 그래서 누군가 자신에게 싫은 소리를 하는 것을 못 견뎌 한다. 사장과 직원의 관계도 그렇다. '내가 월급 주는 사람인데 지들이 여기 아니면 취직이나 하겠어?'라는 생각을 가진 사장은 말과 태도에도 그대로 생각이 묻어난다. 반대로 '직원들 덕분에 내가 이만큼 산다. 저들이야말로 내 가장 귀한 자산이다'라고 생각하는 사장은 직원들을 대하는 자세가 한결같고 남다르다.

대치동에서 가장 잘나가는 최선어학원의 송오현 원장은 후자에 속하는 사람이다. 그의 모토 가운데 하나는 삼고초려다. 좋은 선생님을 모셔오고 그들이 최선을 다할 수 있게 하는 것이 자신의 의무라고 생각하고 학원 선생님들을 존중하고 고마워한다. 송 원장의 진심 어린 마음은 자연스럽게 여러 경로를 통해 사람들에게 전달된다. 자신이 존중받는다는 느낌을 받으면 사람들은 목숨이라도 바칠 듯이 조직을 위해 일한다. 그리고 마음의 문을 활짝 연다.

많은 조직에서 커뮤니케이션 문제를 운운하지만 사실은 리더가 마음을 잘못 먹고 있기 때문에 발생하는 경우가 대부분이다. 소통 문제를 해결하고 싶으면 자신에게 이렇게 물어보면 된다.

'나는 직원들을 어떻게 생각하고 있는가? 나와 같이할 파트너 혹은 내 인생의 귀인으로 생각하는가, 아니면 일회용 반창고로 생각하는가? 진실로 그들을 존중하고 그들의 발전을 위해 고민하고 애를 쓰는가, 아니면 지금이라도 그만두었으면 하는가?'

그리고 마음을 고쳐먹어야 한다. 그러면 자연스럽게 그런 마음이 여러 경로를 통해 사람들에게 전해진다.

직원 입장에 있는 사람도 마찬가지다. '주는 만큼만 일하겠다, 일하기는 싫지만 목구멍이 포도청이라 일하겠다'고 생각하면 그 마음이 상대에게 전달된다.

오랫동안 인기를 유지하는 가수 신승훈의 비결도 사실은 마음을 곱게 먹었기 때문이다. 그리고 그것이 고스란히 팬들에게 전달되었기 때문이다. 신승훈의 글을 읽어보면 이를 알 수 있다.

올림픽공원에서 공연할 때의 일이다. 비가 왔다. 무대에 서자 끝까지 꽉 찬 팬들이 하얀 우비를 입은 채 빗속에 앉아 있는 모습이 보였다. 무대 위에 있는 나야 비를 피할 수 있었지만 그들은 빗속에서 공연을 보아야만 했다. 나는 너무 감격하고 또 미안해서 지붕 밖으로 나왔다. 팬들처럼 나 또한 비를 맞으며 노래해야 한다고 생각했기 때문이다.

그런데 팬들이 안 된다고 비 맞지 말라고 난리가 났다. 그래도 나는 그럴 수 없다고 버텼다. 그랬더니 팬들이 우비의 모자를 벗는 거다. 그러자 하얗게 보이던 관객들이 앞에서부터 차례차례 맨 끝까지 까맣게 변하는데, 그 모습을 보는 내 마음이 얼마나 숙연했는지 그때의 감동은 정말 잊을 수가 없다.

난 사랑한다는 말을 아끼는 편이다. 그런데 그날 처음 팬들에게 사랑한다고 고백했다.

커뮤니케이션을 잘하기 위해서는 먼저 자신을 스스로 정의하고 다음에 관계를 정의해야 한다. 나는 누구인가, 내 가치관은 어떤 것인가, 저들과 나의 관계는 어떠한가, 내가 누구 덕분에 이렇게 잘살 수 있는가. 이런 관계를 정의하면 자연스럽게 말과 행동과 태도가 거기에 맞게 튀어나온다. 커뮤니케이션은 말이 아닌 마음의 전달이다.

부드러움이
강함을 이긴다

진정으로 강한 사람은 겉으로는 부드럽게 보인다. 자신이 강하다는 것을 군이 겉으로 드러낼 필요성을 느끼지 못하기 때문이다. 약한 사람일수록 강한 척하는 경우가 많다.

조직도 마찬가지이다. 정말 강한 조직은 부드럽고 유연해 보인다. 딱딱하고 권위적인 조직일수록 유연성이 부족하다. 늘 규정을 부르짖고 관례대로 움직인다. 왜 그 일을 해야 하는지 근본적인 질문을 하지 않는다. 당연히 경쟁력이 없고 과거에 발목을 잡혀 미래를 생각하지 않는다. 노자에는 그런 말이 많이 나온다. 유능제강(柔能制剛)이 그렇다. 부드러움이 강한 것을 이긴다는 의미이다. 유약승강강(柔弱勝剛强)도 비슷한 의미다. 부드럽고 약한 것이 군세고 강한 것을 이긴다는 것이다.

조직을 부드럽게 하기 위해서는 리더의 역할이 중요하다. 조직의 문화와 분위기를 만드는 것은 리더이기 때문이다.

모 그룹의 관리자를 상대로 몇 번에 나누어 리더십 교육을 한 적이 있다. 업종이 건설이고 대부분 중년 남성인 탓도 있지만 분위기가 너무 무겁고 어두웠다. 어딘가 주눅이 들어 있고 삶에 자신감이 없어 보였다. 눈도 마주치지 않고 말도 하려 하지 않았다. 이런 느낌을 말하면서 책임자에게 이유를 물었더니 오너 회장님의 성격 때문이라고 했다.

"우리 회장님은 카리스마가 너무 강하세요. 늘 우리를 못마땅하게 생각하시지요. 조금만 잘못해도 불호령을 내리고 눈을 부라립니다. 그러니 회의 때에도 감히 나서서 말을 하는 사람이 없습니다. 완전히 일인 독재 체제입니다."

나중에 회장을 만났는데 본인도 인정을 한다. "회사가 작을 때는 이런 식으로도 통했습니다. 하지만 회사가 커지고 직원 수가 몇천 명이 되면서 예전 스타일은 더는 먹히지 않습니다. 이 정도 규모의 회사에서 제가 일일이 간섭해서 회사가 돌아간다면 문제가 있는 것이지요. 저도 너무 고달픕니다. 뭔가 변화를 일으켜야겠다고 생각하는데 쉽지가 않네요."

어떤 리더가 제대로 된 리더일까? 도대체 리더의 가장 중요한 역할은 무엇일까? 리더가 조직에서 가장 똑똑한 사람일까? 리더가 모든 것을 다 알 수 있을까? 절대 그렇지 않다. 리더십은 다른 사람을 통해 자신의 목적을 달성하는 것이다. 그러므로 먼저 다른 사람의 마음을 살 수 있어야 한다. 그래야 지혜도 이끌어내고 돈도 벌 수 있다.

제대로 된 리더는 자신이 모든 것을 이끈다고 생각하지 않는다. 리더가 할 일은 구성원을 편안하게 해주는 것이다. 무슨 말이든 기탄없이 할 수 있는 환경을 만들기 위해 노력해야 한다. 리더의 가장 중요한 역할은 일에 대한 열정을 불어넣는 것뿐이다. 열정이 있는 조직은 시끄럽다. 회의 시간은 언제나 말하고자 하는 사람들 때문에 시끌벅적하고 눈치를 보느라 입을 다무는 경우란 없다. 자신의 아이디어를 당당히 말하고 또 이것이 받아들여진다고 생각하므로 열정이 샘솟는다.

그런 면에서는 이채욱 전 GE코리아 회장이 탁월하다. 우선 그는 인상이 부드럽다. 권위주의, 엄격함, 딱딱함은 어디에서도 찾을 수 없다. 또 주변 사람들을 편하게 해주려고 언제나 노력한다. 그가 쓴 책 『백만 불짜리 열정』을 보면 이런 대목이 나온다.

리더는 경영에서의 게임메이커입니다. 선수들이 게임을 잘 할 수 있도록 분위기를 조성하는 것이 리더의 역할이지요. 그러기 위해서는 오픈 마인드를 해야 합니다. 직원의 아이디어와 생각을 잘 받아들여야 합니다. 잘 받아들이는 것도 능력이거든요. 분위기를 유쾌하게 만드는 데 몸과 마음을 아끼지 말아야 합니다. 웃음은 열 번의 회식보다 더 큰 단결력을 선사합니다.

그렇다고 그가 늘 웃기만 하는 것은 아니다. 사실 조직 생활을 하다 보면 웃을 일보다는 화낼 일이 많기 때문이다. 하지만 그는 독특한 방법으로 피드백을 한다. 피드백은 하되 감정을 건드리지 않는다. 이런 식이다. 일을 잘하지 못했을 때 "김 과장은 GE 생활 1주일 단축이야"라고 이야기한다. 반대로 잘했을 때는 1주일 연장이라고 농담을 한다. 그리고 모든 직원이 이런 농담을 공유한다. 그러므로 실수를 지적하는 사람도 지적받는 사람도 감정적으로 다치지 않는다. 피드백에 대한 그의 철학이다.

화를 낼 때는 화를 내야 합니다. 하지만 자칫 화를 잘못 내면 조직은 가라앉습니다. 평직원이 화를 내도 분위기가 처져 일하기 힘든데 하물며 리더가 화를 낸다면 조직이 어떻게 되겠습니까? 리더는 계산을 하고 화를 내야 합니다. 실수에 대해 불같이 화를 내면 리더 자신의 마음이야 편하겠지만 그다음은 어떻게 되겠습니까? 실수한 당사자는 물론 나머지 사람들도 덩달아 리더의 눈치를 볼 수밖에 없습니다. 그렇게 되면 리더 역시 굳어진 분위기를 돌려놓을 만한 적절한 상황을 만들기 어렵지요. 경제논리로 보아도 전혀 이롭지 않습니다.

딱딱한 땅에는 아무리 좋은 씨앗을 뿌려도 열매를 맺을 수 없다. 딱딱한 땅을 부드럽게 만들고 그 위에 씨앗을 뿌려야 꽃이 피고 성과를 낳을 수 있다. 사람도 마찬가지이다. 딱딱하고 엄숙한 일인 독재의 분위기에서는 아무도 자기 생각을 드러내지 않는다. 진실은 실종되고 외교만이 판을 친다. 솔직함은 없어지고 리더의 생각에 맞추어 입에 발린 소리만 늘어놓는다.

리더의 가장 중요한 역할은 부드럽고 유연한 분위기를 만드는 것이다. 열정을 불어넣고 신명 나게 일할 수 있도록 게임을 잘 이끄는 것이다. 그러면 놀라운 변화가 일어날 것이다.

여기서 생각해볼 것들

1. 나는 어떤 스타일의 리더인가? 카리스마가 강한가? 아니면 부드러운 리더인가, 방임형인가?
2. 내 스타일이 조직에 어떤 영향을 미치고 있는가?
3. 나의 스타일로 원하는 성과를 낼 수 있다고 생각하는가?
4. 내가 원하는 조직의 분위기는 무엇인가?
5. 원하는 분위기의 조직을 만들기 위해 어떻게 해야 하는가?

위기를
오픈하라

만일 당신 회사에서 만든 제품에 문제가 있다며 「MBC 카메라출동」 같은 고발 프로그램이 떠들어대고 있다면 어떻게 하겠는가? 회사의 재무 상태가 나빠져 비상경영을 해야 한다면 어떤 방식으로 이를 수행하겠는가? 갑자기 회사직원 몇 명이 업무 중에 사고를 당했다면 이를 어떻게 직원들에게 알릴 것인가?

회사를 경영하다 보면 이런 예상치 못한 일들이 빈번히 발생하는데 이를 어떻게 내부, 외부와 커뮤니케이션하느냐에 따라 결과는 크게 달라진다. 이런 어려운 문제를 제대로 다루지 못하면 회사 내외적으로 악성 소문이 나서 회사 이미지에 악영향을 미칠 가능성이 높아진다.

모 자동차회사에서 신차를 개발하던 중 사고가 발생했다. 시험용 차를 가지고 강원도 산악지대에서 테스트하던 중 낙석에 맞아 몇 명이 죽는 대형 사고가 난 것이다. 소식은 순식간에 사내에 퍼졌고 언론에도 알려졌다. 하지만 회사에서는 며칠이 지난 후에야 뒤늦게 공식적인 발표를 했다. 그때까지 말도 안 되는 온갖 억측과 회사에 대한 비난이 쏟아졌고 유가족은 유가족대로 우리 자식 살려내라며 난리를 쳤다.

이럴 때 가장 필요한 것은 커뮤니케이션 책임자를 두고 전략을 짜는 것이다. 예를 들어 이렇게 하는 것이다. 전 직원에게 그때까지 알려진 사실을 일목요연하게 정리하여 알리고 함부로 외부에 발설하지 말 것을 부탁한다. 또 모든 커뮤니케이션 채널을 하나로 통일하는 것이다. 그리고 진상이 파악되는 대로 주기적으로 알릴 것은 알리고 피할 것은 피하는 것이다. 이렇게 하면 쓸데없는 헛소문이나 추측은 고개를 들지 못한다.

글로벌기업들은 이에 대해 명확한 개념을 갖고 있다. 우선 커뮤니케이션 전담부서를 두고 있다. 홍보부서가 겸하는 경우도 있고 별도의 부서가 담당하는 경우도 있다. 내부와 외부 커뮤니케이션을 한 곳에서 하는 경우도 있고 두 가지를 구분하는 경우도 있다.

가장 중요한 것은 커뮤니케이션에 전략이 있어야 한다는 사실이다. 그런 면에서 레이건의 커뮤니케이션 전략을 살펴보는 것은 의미가 있다.

첫째, 항상 미리 전략을 짠다. 이른바 'Line of the day'라고 하여 하루하루 전략을 준비한다.

둘째, 방어보다는 공격적으로 나간다. 문제가 터지기 전에 우리가 알리고 싶은 것을 준비해 알리는 것이다. 미리 알리는 것과 터진 후 변명을 하는 것에는 현격한 차이가 있다.

셋째, 정보의 흐름을 컨트롤한다. 여러 채널을 통해 알릴 것은 알리고 피할 것은 피한다는 것이다.

넷째, 기자 개개인의 대통령 접근을 제한한다. 창구를 일원화하여 대통령이 혹시라도 실언할 소지를 원천적으로 봉쇄함으로써 복잡한 문제를 만들지 않겠다는 것이다.

다섯째, 말하고 싶은 이슈 중심으로 말한다.

여섯째, 메시지를 일관성 있게 전달한다

일곱 번째, 같은 메시지를 여러 번 반복한다.

위기 상황에서 어떻게 커뮤니케이션을 할 것이냐 하는 것은 조직의 사활을 결정한다. 위기에 빠졌던 제일모직을 다시 일으켜 세운 안복현 삼성BP 사장의 이야기다.

위기를 감지하는 것이 가장 중요합니다. 나는 위기라고 생각하는데 다른 사람들이 동의하지 않는다면 이를 돌파할 수 없기 때문입니다. 그런데 위기 감지에 가장 큰 장애물은 바로 차하위 자입니다. 기업으로 말하면 임원들이지요. 어느 조직이든 사장은 책임이 무겁습니다. 하지만 차하위자들은 상대적으로 책임이 적습니다. 대신 달콤한 열매를 즐기는 위치에 있습니다. 쓸데없이 위기의식을 불러일으켜야 좋을 게 없다고 생각하기 쉽습니다. 전 직원이 위기의식을 공유하게 하는 것이 가장 중요합니다.

다음으로는 사기를 높여야 합니다. 경영상태가 나쁜 회사, 구조조정을 이미 했거나 할 예정인 회사는 대체로 분위기가 나쁩니다. 여러 차례 회사가 어렵다는 이야기를 들었기 때문입니다. 그러므로 직원의 사기를 높여야 합니다. 에너지 레벨을 올려 영차영차 하는 분위기를 만들어야 합니다.

제 경우는 편지 쓰기를 통해 커뮤니케이션했습니다. 새로운 회사에 와서 느낀 것, 제 철학, 당면한 이슈 등 하고 싶은 이야기를 모두 편지를 통해 했습니다. 매주 10장씩 850페이지 정도를 썼던 것 같습니다. 처음에는 아무 반응이 없더니 나중에는 답신도 오고 새로운 제안도 하더군요. 조직에 피가 통한다는 느낌을 받았습니다. 그리고 구조조정을 시작했습니다. 장사를 못하는 부문, 가능성이 없는 부문은 과감히 없앴지요. 우선 사업부장들에게 기회를 주었습니다. 당신 사업 부문이 계속 있어야 하는 이유, 어떻게 장사를 잘할 것인지에 대한 계획 등을 보고하게 했지요. 다 듣고 논의한 후 가능성이 작은 곳은 없앴습니다. 숙녀복지, FRP 사업 등을 이때 없앴습니다. 인조대리석 사업은 가능성이 있어 보여 남겨두었지요. 그리고 새로운 사업을 만들었습니다. 없애기만 해서는 조직이 살아남을 수 없습니다. 비전이 있는 성장엔진을 찾아 여기에 남은 힘을 쏟아부었지요. 대표적인 것이 전자재료 사업이었는데 나중에 이것이 정말 효자가 되었습니다.

워크아웃에 들어갔던 회사를 살려 알짜배기 기업으로 키운 도레이새한의 이영관 사장 역시 위기 속의 커뮤니케이션에 대해 비슷한 생각을 펼쳐놓았다.

저는 현실을 제대로 인식하는 것이 가장 중요하다고 생각했습니다. 우리가 처한 현실이 어떤지, 그렇게 낙관적인지 아닌지, 위기라면 무엇을 어떻게 할 것인지에 대해 커뮤니케이션을 했습니다. 사실 가장 어려운 부분입니다.

낙관주의는 좋습니다. 하지만 현실에 기반한 낙관주의를 갖기는 쉽지 않습니다. 사람들은 보고 싶어 하는 것만 보려 하기 때문입니다. 자신이 어렵다는 사실을 잘 인정하려 하지 않고 잘 될 것으로 믿고 싶어 하기 때문입니다.

다음에는 삼성경제연구소와 공동으로 비전을 만들어 제시했습니다. 5년 후 우리 회사가 어떤 모습이 되기를 바라는지, 이를 위해 어떤 기업 가치를 가져야 하는지 회사의 비전을 같이 만들고 공유하게끔 했습니다. 그 과정에서 사람들은 회사에 대해 애정을 갖게 되고 자신감을 찾게 됩니다. 또 사업의 구조조정을 시행했습니다. 거기서 남은 사람들은 새로운 사업에 투입했지요. 이를 액션으로 하기 위해 코스트 절감, QC운동 등 5C운동을 실시했습니다. 이 과정에서 가장 강조한 것은 바로 커뮤니케이션입니다. 현장을 돌아다니며 일대일 미팅도 했고 경영상태도 솔직하게 이야기했습니다. 또 이익이 나면 구성원들에게 나누어주겠다고 약속했고 이를 지켰습니다. 한번은 350억 이상 이익이 나면 나누어주겠다고 했는데 420억의 이익이 났습니다. 그래서 직원들에게 350%의 보너스를 주었습니다. 또 에너지관리 대상, 품질관리 대상도 받았습니다.

위기는 정말 기회입니다. 위기였기 때문에 무언가 할 수 있는 겁니다. 좋은 업적에 대한 과감한 보상도 중요합니다. 한번은 성과가 좋은 사람을 모아 부부 동반 모임을 마련하고 부인에게 500~2,000만 원까지 보너스를 주었습니다. 분위기가 반전되는 것이 느껴지더군요.

벽산을 일으켜 세운 김재우 부회장도 비슷한 철학을 이야기한다.

위기에 빠진 기업의 직원은 사기가 떨어져 있습니다. 무엇보다 중요한 것은 자신감과 자부심입니다. 또 제품에 대한 긍지가 중요합니다. 그래서 벽산 자재로 지은 건물을 직접 둘러보게 했습니다. 그리고 느끼게 했습니다. 봐라, 우리가 만든 제품이 이렇게 사람들에게 사랑을 받지 않느냐고 말이죠.

다음에는 위기 공감을 통한 구조조정입니다. 선택은 포기와 동의어입니다. 혁신도 그렇습니다. 거래처가 7,000개였는데 80%의 매출은 400개 거래처로부터 발생했습니다. 나머지는 별 도움도 안 되면서 문제만 일으킵니다. 당연히 정리했지요. 위기 상황에서는 커뮤니케이션이 무엇보다 중요합니다. 계속해서 알려야 합니다. 또 듣고 돌아다녀야 합니다. 현장에서 어떤 일이 벌어지는지, 무슨 생각을 하는지…. 제가 무슨 이야기를 한 다음 날엔 교대 근무자에게 그 이야기를 들었는지 물어봅니다. 그가 알고 있다면 커뮤니케이션이 제대로 된 것이지요.

위기 상황에서의 커뮤니케이션을 정리하면 다음과 같다.

첫째, 위기의식을 모두가 공감하는 것이다. 가장 중요하지만 가장 어려운 대목이 이 부분이다. '우리는 정말 어렵다. 이대로 방치하다가는 이 배는 가라앉는다. 조직도 죽고 개인도 죽는다. 당신도 그렇게 생각하는가'라는 점에 대해 조직 전체가 공감할 수 있다면 그다음 수순은 상대적으로 쉽다.

이를 위해서는 우선 투명하고 솔직한 커뮤니케이션이 필요하다. 매달 경영현황에 대해서 알리고, 경쟁이 얼마나 치열한지, 우리 제품이 시장에서 어떤 평가를 받는지도 알려야 한다.

둘째, 사기를 올려야 한다. 살림이 어려우면 사람이 쪼그라든다. 돈을 벌 생각보다는 어떻게 하면 쓰지 않을지에 에너지를 집중한다. 필요한 해외출장도 가지 않고, 이면지를 쓰고, 회식도 하지 않는다.

그러다 보면 개인도 조직도 위축된다. 아껴 쓰는 것은 물론 필요하다. 하지만 이보다 더 중요한 것은 조직 전체의 분위기를 올리는 것이다. 도레이새한의 경우는 청결과 정리정돈에 에너지를 쏟았다. 환경이 좋아야 사람 마음도 열린다고 생각한 것이다. 그래서 화장실을 큰돈을 들여 깨끗하게 수리했다.

셋째, 비전과 미션에 대해 생각해야 한다. 미래에 뭔가 잘될 것이란 믿음이 있어야 용기도 생기고 일할 맛도 난다. 3년 후, 5년 후 우리 모습이 어떨지 같이 생각해본다. 그리고 그런 모습이 되었을 때 개인은 어떻게 바뀌는지도 그려보게 한다.

또한 어젠다 설정의 중요성을 깊이 인식해야 한다. 그것에 따라 개인과 조직의 운명이 바뀐다. 과거사 정리에 지나치게 집중한 정권이 국민들의 호응을 받지 못하는 것은 당연하다. 과거사를 잘 정리했다고 지금 우리 삶이 나아지지는 못한다. 그러므로 리더는 과거보다는 미래에 초점을 맞추어 사람들의 에너지를 이끌어낼 수 있어야 한다. 그것이 바로 위기 속의 커뮤니케이션이다.

현장의 참여를
극대화하라

1950년 4월 7일 도요타자동차 노조는 노조쟁의행위통지서를 발송하고 파업을 시작한다. 이유는 '보유현금이 4억 엔이나 있는데도 임금을 인하하려 한다'는 것이다. 하지만 그것은 오해였다. 도요타의 경영실적은 최악이었고 노조가 주장하는 4억 엔은 도요타 관련 회사와 공장 투자를 위한 융자금이라 직원 급여로 사용할 수도 없는 돈이었다. 커뮤니케이션의 오해가 빚어낸 비극이었다. 이후 도요타는 사내 커뮤니케이션 활성화에 전력투구하기 시작했다.

도요타가 위기에서 벗어나고 마침내 세계 최고의 기업으로 우뚝 서기까지는 도요타만의 커뮤니케이션 문화가 지대한 영향을 미쳤다.

도요타의 커뮤니케이션은 무엇이 다른가.

첫째, 현장 중심의 커뮤니케이션이다. 이를 위해 CEO는 월 1회 현장을 방문한다. 여기서 도요타의 가치와 비전을 전하고 공유한다. 반장과 조장을 중심으로 한 소집단 활동을 조직한다. 간담회를 이끌며 각종 불만 사항을 듣고 가능한 것은 현장에서 즉각 개선해준다. 인사 측면에서는 노무니케이션을 실시한다. 일본말로 노무(飮む)는 마신다는 의미인데, 이것과 커뮤니케이션을 결합하여 새로운 단어를 만든 것이다. 즉 일과 후 맥주 한잔하면서 친목도 다지고 정보도 주고받는 것이다.

둘째, 보텀업(bottom-up)이다. 창의적 제안제도가 대표적이다. 도요타의 연간 제안 건수는 65만 건에 달한다. 이는 1인당 12건에 해당한다. 생산성 제고와 고충처리에 관한 내용이 주를 이루고 있는데, 도요타의 힘은 바로 이 제안의 힘이다. 또 긴급제안제도가 있다. 업무 중 위급상황이나 애로사항을 수시로 제출할 수 있다. 매일 아침에 갖는 짧은 미팅과 월 2회의 QC활동도 소통을 원활하게 해준다.

셋째, 비공식 조직을 활용하는 것이다. 삼층회가 대표적이다. 이는 직급별 모임으로 자체적으로 연수도 하고 간담회도 가지면서 회사 상황, 현장의 문제점을 공유한다. 또 풍생회, 풍진회 등 출신별 모임도 있는데 최근에는 개인별 동호회 모임으로 변화하고 있다.

커뮤니케이션에서는 내용 못지않게 채널이 중요하다. 한 가지 소통 채널보다는 여러 채널을 갖고 있는 것이 효과적이다. 그래야 한 채널이 막혀도 다른 채널을 통해 정보가 흐를 수 있다. 도요타가 바로 그렇다. 이들은 여러 채널을 효과적으로 활용하고 있다. 어떤 채널은 위에서 아래로 흐르고, 어떤 채널은 아래에서 위로 흐른다. 또 공식적인 채널도 있고 비공식적인 채널도 있다. 채널마다 역할도 달라지기 때문에 필요에 따라 채널을 바꿔가면서 활용할 수 있는 장점이 있다.

우리는 홍보실을 통한 방송, 회사에서 만드는 소식지, 사장님의 연설 등 위에서 아래로 향하는 채널에만 길들여져 있는 편이다. 물론 제안제도라든가 청년임원회의처럼 아래에서 위로 향하는 채널도 있기는 하다. 그렇지만 그다지 효과적이지 않고 형식적으로 운영되는 경우가 많다. 자발적이지 않고 위에서 하라니까 마지못해서 하는 것이다. 만약 자발적으로 참여하게 유도할 수 있다면 그 파워는 대단할 것이다. 도요타의 제안제도가 그것을 잘 말해준다.

상향식 커뮤니케이션의 핵심은 자발적인 참여다. 직원의 지혜와 마음을 참여시킴으로써 동기부여를 하는 것이다.

리더가 강요하면 하기는 하지만 추진력은 약해진다. 내 생각 드러내기를 뒤로하고 상대 생각을 먼저 들은 다음 그것에 동의해주거나 조금 수정하여 결정을 내린다면 실행력은 훨씬 강해질 것이다. 위에서 아래로 흐르고, 아래에서 위로 흐르고, 또 옆으로 흐르게 할 수 있다면 조직은 더없이 막강해질 것이다. 이것이 바로 커뮤니케이션의 진정한 힘이다.

1. 여러분 조직에는 몇 가지의 커뮤니케이션 채널이 있는가?
2. 상향식, 하향식, 수평식 채널 중 잘 작동하는 것과 그렇지 않은 것은 무엇인가?
3. 그것을 어떻게 알 수 있는가?
4. 잘 안 되는 이유와 잘되게 하기 위해 필요한 것은 무엇인가?
5. 잘되고 있다는 것을 확인할 수 있는 방법은 무엇인가?

5

리더는
공감하는 사람이다

효율적인 커뮤니케이션의 알파 & 오메가

공감이란
무엇인가

유산 문제로 싸움이 붙은 형제가 있다. 장남이 너무 많이 가졌기 때문에 동생들이 미워했다. 알고 보니 장남은 장모의 투병 생활로 돈이 많이 드는 상황이었고, 이를 알아챈 막내가 공감의 말을 건넸다. 장남은 고마운 마음에 동생들에게 유산을 조금 더 나누어주었다.

이것이 공감의 힘이다. 내 마음이 전달되지 못할 때 사람들은 답답하고 갑갑하다. 숨이 막히고 어쩔 줄 모른다. 그런데 누군가 공감을 표시해주면 기분이 좋아지고 마음이 편해진다. 공감은 공간을 만드는 기술이다. 공감은 무조건 상대방 편을 드는 것이 아니다. 정확하게 상대를 아는 것이다. 존재 그 자체에 초점을 맞추는 것이다. 칭찬이나 좋은 말 대신 상대의 감정에 집중하는 것이다. 감정을 알기 위해서는 "요즘 기분은 어떠세요?" 같은 질문이 좋다. 그런데 조심할게 있다. 공감은 해도 나와 그 사람 사이에 경계는 늘 두어야 한다. 그렇지 않으면 자칫 피해자 혹은 감정노동자가 될 수 있기 때문이다.

한 사람이 누군가를 인질로 잡은 채 난동을 부리는 일이 가끔 있다. 억울하다며 빌딩에서 뛰어내리겠다고 사람들을 위협하는 일도 있다. 만약 여러분이 경찰이라면 이 문제를 어떻게 다룰 것인가? 첫째, 그들에게 다가가 "진정하세요, 일단 나와 보세요"라고 말한다. 이같은 말은 전혀 도움이 안 된다. 오히려 더 흥분시킨다. 둘째, 가족이나 친구를 불러 이들로 하여금 설득하게 한다. 이 역시 그리 효과적이지 않다. 오히려 더 화를 부를 수도 있다. 셋째, "많이 힘들어 보입니다. 도대체 무슨 일이 있었나요?" 같은 말로 사정을 들어보면서 대화를 유도한다.

정답은 세 번째다. 공감하는 말로 대화를 유도하는 것이 제일 효과적이다. 일단 인질범이 대화하면서 자기 속사정을 털어놓기만 해도 문제의 반은 해결된 것이다. 적어도 대화 중에는 인질을 해치지 않기 때문이다. 인질 사건에서 가장 큰 무기는 시간이라고 한다. 시간을 끌다 보면 누그러지는 것이 인간이기 때문이란다. 위기협상 전문가 이종화 씨의 말이다. 인질에게 가장 필요한 것도 역시 공감이란 것이다.

소통에서 가장 중요한 건 공감이다. 공감대를 형성하는 일이다. 공감이라는 소통 채널이 없는 상태에서는 아무리 많은 얘기를 주고받아도 소용이 없다. 공감의 중요성은 아무리 강조해도 지나치지 않다. 그렇다면 공감이란 무엇일까?

공감은 눈높이를 맞추는 일이다. 그 사람 수준에 맞게끔 얘기하는 것이다. 아주머니들을 대상으로 하는 강연을 구경한 적이 있다. 강사가 남자분이었는데, 어수선한 분위기에서 강연을 시작하게 되었다. 강사의 첫마디는 "설거지는 하고 오셨습니까? 저는 오늘 여기 오기 전에 시간이 조금 남아서 집에서 밥을 먹고 설거지를 해주고 왔습니다."였다. 청중인 아주머니들 눈높이에 맞춰 이야기하니 청중들은 웃기 시작했고, 이내 마음을 열고 주목하는 모습을 볼 수 있었다.

공감은 입장을 바꿔 생각하는 능력이다. 역지사지할 수 있는 능력이다. 과부 사정은 홀아비가 잘 아는 법이다. 어렵게 살아본 사람만이 어려운 사람의 처지를 이해할 수 있다. 그래서 일류 선수는 일류 감독이 되기가 쉽지 않다. 벤치를 지키는 후보선수 생활을 해봐야 선수들의 감정을 이해하고 그들의 마음을 사는 방법을 안다. 히딩크가 대표적이다. 훌륭한 낚시꾼은 고기 입장에서 생각할 수 있는 사람이다. 좋은 장군은 사병 입장에서 생각할 수 있는 사람이다. 말은 쉽지만 결코 쉽지 않은 일이다. 개구리는 올챙이 적 생각을 하지 못하기 때문이다.

공감은 심리적 산소다. 공감이 없다는 건 산소가 없는 곳에서 얘기를 하는 것과 같다. 상사와 대화 후 가슴이 답답한가, 아니면 가슴이 시원한가? 상사를 만날 생각을 하면 설레이는가, 아니면 걱정부터 되는가? 최근 소통을 하면서 기분이 좋았던 기억이 있는가? 왜 그랬던 것 같은가?

직위가 위로 올라갈수록 공감능력이 필요하다. 심리적 산소를 줄수 있어야 직원들은 자기 속내를 털어놓으며 뭔가 통하게 된다. 이런 공감리더십의 주인공은 사우스웨스트 항공사다. 9·11 이후 모든 항공사가 직원을 줄였지만 이곳은 한 명도 해고하지 않았다. 이 회사의 콜린 바렛은 서번트 리더십으로 유명하다. CEO 시절, 모든 직원의 이름을 알고, 일일이 손편지를 쓰는 일을 주로 한다. 여기에 감동한 직원들이 십시일반으로 돈을 거둬 신문광고로 사장의 생일을 축하하기까지 했다.

"우리 몸에서 어느 일부가 아프면 몸 전체가 아픔을 같이하듯이 국가에서 어느 계층이 고통을 당할 때 그 고통을 우리 모두의 고통으로 받아들였는가? 한쪽 팔에서 피가 흐르는데도 무관심한 몸이 정상적인 몸일 수 없듯, 구성원 일부가 어떤 어려움을 당해도 상관하지 않는 사회가 정상적인 사회일 수 없다. 배만 잔뜩 부르고 머리가 텅 빈 몸이 건전한 몸일 수 없듯 경제적으로만 살찌고 문화적으로나 정신적으로는 허탈한 상태를 면하지 못하는 국가도 건전한 국가일 수 없다."

비교종교학자 오강남 교수의 얘기이다. 좋은 리더는 바로 공감능력이 뛰어난 사람이다.

공감과 소통

지하철 경영진들이 지하철을 얼마나 자주 타는지 궁금하다. 2호선의 경우는 주말도 주중 못지않게 사람이 많다. 띄엄띄엄 오기 때문이다. 그들이 주말에 한 번이라도 지하철을 탄다면 바로 개선할 수 있다. 항공사 임원들은 이코노미석을 타지 않는다. 당연히 이코노미석을 이용하는 고객들의 고민을 알기 어렵다. 학교 졸업한 지 수십 년된 사람들은 현재 교육이 어떤지 알기 어렵고 제대로 된 교육정책을 만들기 어렵다.

리더의 가장 중요한 능력은 소통이고, 소통의 핵심은 공감이다. 기업의 흥망성쇠를 결정하는 키워드 역시 고객과의 공감이다. 미국의 산업디자이너 패트리샤 무어는 냉장고 신제품 콘셉트 회의 때 "관절

염이 있거나 시력이 나쁜 사람 혹은 늙어서 힘이 약해진 사람의 입장을 고려해야 한다"고 주장하지만 무시당한다. 무어는 노인의 삶을 경험하기 위해 모의실험을 한다. 약병 뚜껑을 열기도 어렵고, 전화번호 누르기도 힘들다. 시내버스 타는 것조차 노인들에게는 위험한 일이다. 그녀는 3년간 실험하고 이를 바탕으로 제품을 새롭게 개선하고 차별화하면서 큰 성공을 거둔다. 노인 인구가 증가한다고 말은 하지만 그들과 공감하기는 쉽지 않다. 하지만 그들과 공감할 때 새로운 기회가 생긴다.

미국 자동차회사들이 몰락한 것도 공감능력 부족 때문이다. 수익률은 높지만 기름 소모가 많은 SUV와 대형트럭에 지나치게 의존하는 바람에 유가가 오르면서 치명타를 입은 것이다. 그러나 본질적 원인은 다른 곳에 있다. 미국의 3대 자동차 제조사들이 몰려 있는 디트로이트에 가보면 알 수 있다. 다른 지역과 달리 이곳에는 미국산 차들만 가득하다. 왜 그럴까? 회사는 고위 간부에게 최신 자동차를 무료로 사용할 수 있게 하고 연료까지 모두 지원했다. 직원들이 차를 살 때 큰 폭으로 할인해주는 제도도 만들었다. 직원은 물론 친구와 가족에게도 이 제도를 확장했다. 그래서 디트로이트에는 미국산 차만 보인다. 다른 도시와 전혀 다른 분위기이다. 다른 차는 타본 적도 없고, 탈 일도 없다. 세상이 어떻게 변하는지 알기 어렵고 공감하지 못하면서 회사가 어려워진 것이다.

도탄에 빠진 IBM을 구한 사람은 나비스코 출신의 루 거스너다. 그는 한때 자신이 IBM의 고객이었기 때문에 누구보다 IBM의 관료주의를 잘 알고 있었다. 회사가 커지면서 고객과의 공감능력이 떨어졌고 그 때문에 위기가 닥쳤다고 생각한 것이다. 회의 때마다 직원들에게 고객으로부터 무슨 얘기를 들었는지를 물었다. 이 때문에 모든 직원은 회사 밖에 있는 사람들이 IBM에 대해 무슨 말을 하고 있는지 귀를 기울여야 했다. 3개월 안에 IBM의 가장 큰 고객을 각자 5명 이상 만나서 고객의 고민을 듣고 그 고민을 해결하기 위해 무얼 했으면 좋을지 그 방법을 고객한테서 들으라는 것이다. 그는 직원들에게 항상 "고객들이 지금 우리에게 하고자 하는 말이 무엇입니까?"라는 질문을 던졌다. 그 결과 IBM은 부활한다. 고객과의 공감능력을 높인 것이 기업을 살린 것이다.

한편 노스웨스트 항공의 실수는 공감 없는 정책이 어떤 결과를 가져오는지 보여준다. 2006년 8월, 회사는 『재정적 위기에 대처하는 법』이란 안내책자를 해고당한 직원들에게 발송한다. 본래 의도는 해고당한 사람을 도와주자는 것이지만, 책자를 만든 사람들이 해고자들의 생활과 심정을 알지 못한 것이 문제였다. 돈을 절약하는 101가지 방법에는 이런 내용이 있다. '대출이자를 유리하게 하기 위해 은행과 협상하라', '옷은 제철이 지난 다음 구입하면 싸다' 등등 누구나 아는 내용이었다. 결정판은 '쓰레기더미에서 당신이 원하는 것을 줍는 것을 창피하게 생각하지 말라'는 내용이었다. 해고자의 입장에서 최악의 조언이다. 쓰레기장에 가면 원하는 것은 무엇이든 얻을 수 있다는 것이니, 모욕도 이런 모욕이 없다. 엄청난 비난에 직면한 회사는 결국 사라진다.

　예나 지금이나 군에는 늘 문제가 발생하기 마련이다. 하지만 문제의 원인 중 하나는 저출산 고령화다. 예전에 아이를 많이 낳았던 시대에는 군에 가지 않아도 될 사람도 사람이 부족하다 보니 지금은 군에 간다. 사회와 달리 군은 통제된 곳이기 때문에 개인의 작은 문제도 크게 확대재생산될 가능성이 있다. 그러므로 군도 공감능력이 필요하다. 사회가 어떻게 변하는지, 지금 군에 오는 젊은이들은 과거와 어떻게 달라졌는지, 이들에게 군대의 존재를 의미 있게 하려면 무엇이 필요한지에 대한 고민이 있어야 한다. 그 출발은 바로 관찰과 공감이다. 그들의 입장에서 군을 생각하고, 그들의 아픔과 어려움을 이해하려는 최소한의 노력만 있어도 꽤 많은 문제를 해결할 수 있다.

무엇이 공감을
방해하는가

소통에서 공감의 중요성은 아무리 강조해도 지나치지 않다. 공감은 마음의 문을 여는 열쇠이다. 공감하지 못한다는 건 그 사람 마음속으로 들어가지 못했다는 것이고, 그럼 무슨 말을 해도 그 말은 먹히지 않는다. 그런데 왜 높은 사람들은 공감하지 못할까? 공감을 방해하는 요소는 대체 무엇일까?

첫째, 교만이다. 교만한 마음을 품고 있으면 공감하기 어렵다. '나는 높은 사람이고 너는 낮은 사람이다, 그러니 넌 내 얘기를 들어야 한다'는 생각을 갖고 있는데 어떻게 공감을 하겠는가? 특히 높은 사람 중 이런 사람이 많다. 실제 사례다. 어느 회사의 대표가 결혼을 앞둔 여직원과 얘기를 나누고 있었다. 대표는 남편 될 사람은 무슨 일을 하느냐고 물었다. 여직원은 다니던 직장을 그만두고 지금 회계사 시험을 준비 중이라고 답했다. 이 말을 들은 대표는 이렇게 말했다. "아직도 회계사 공부 하는 사람이 있나? 곧 사라질 직업인데?" 또 다른 임원은 기다렸다는 듯이 회계사뿐 아니라 경비, 시설관리, 경리, 은행원 등등 모두 사라질 직업이라고 덧붙였다. 공무원 준비를 한다는 사람에겐 공무원도 곧 사라질 거라고 말했다. 여러분은 이런 사람을 보면 어떤 생각이 드는가? 이런 말을 하는 저의가 무엇일까? 비아냥거리면서 상대적으로 우월감을 느끼려는 것이다. '교만은 패망의 선봉이요 거만한 마음은 넘어짐의 앞잡이니라' 성경에 나오는 말이다. 교만과 교만으로 인한 공감 부족은 조만간 당사자를 넘어뜨릴 것이다. 조심해야 한다.

둘째, 나와 상대를 구분하는 마음이다. 공감은 내가 그 사람 속으로 들어가는 일이다. 너와 내가 한마음이 되는 것이다. 네 일이 내 일이고, 너의 아픔이 곧 내 아픔이 되는 것이다. 핵심은 너와 나의 경계를 허무는 일이다. 결코 쉬운 일이 아니다. 보통 사람들, 특히 높은 사람들은 이런 일을 아주 싫어하는 경향이 있다. 공감하는 대신 동정한다. 그런데 공감과 동정은 다르다. 달라도 보통 다른 게 아니다. 동정은 나와 너를 완벽하게 구분한다. 동정은 '난 여기 있고, 당신은 거기 있다'는 것이다. 그런 일을 당한 당신은 안됐고 불쌍하지만, 난 당신과 다르다는 것이다. 상대를 불쌍히 여기면서 상대적으로 자신의 우월감을 뽐내는 것이다. 누군가의 동정을 받으면 사람들은 초라함을 느끼고, 방어적이 된다. 그러면 공감은 물 건너간 것이다. 공감은 그 사람 속에 내가 빙의하는 것이다. 너와 나를 구분하는 대신 한 몸과 한마음이 되는 것이다.

셋째, 더 강력한 패 내밀기다. 소통 중 가장 흔한 건 고충에 관한 것이다. 특히 군대에서는 소원수리, 고충처리라는 말까지 있다. 누군가 고충을 얘기할 때 당신은 어떤 반응을 보이는가? 공감 대신 더 강력한 패를 내미는 사람이 있다. 상대가 고충을 얘기할 때 그 고충보다 더 강력한 얘기를 꺼내 상대 입을 틀어막는 것이다. 보초를 서느라 수면 부족을 호소하는 사람에게 자신은 며칠씩 잠을 못 자고 보초를 섰다면서 상대의 말을 꺾는 것이다. 뭔가 힘든 일이 있어 호소하러 왔는데, 부하의 얘기를 듣는 대신 기다렸다는 듯이 자기 얘기만 실컷 하는 상사도 있다. 네가 힘든 건 아무것도 아니라는 것이다. 부하는 돌아가면서 무슨 생각을 하겠는가? 혹 떼러 갔다 혹을 붙인 격이니 다시는 그 상사와 얘기하려고 하지 않을 것이다.

넷째, 내 얘기를 하고 싶어 하는 욕구다. 사람은 누구나 남 얘기를 듣는 것보다는 자기 얘기를 하고 싶어 한다. 나이가 들수록 더하다. 그래서 '경로당대화'라는 말까지 나왔다. 경로당대화란 모두가 자기 얘기를 하고 듣는 사람은 없는 대화를 말한다. 왜 그럴까? 외롭기 때문이다. 나이가 드니 대화할 사람이 줄어들고 오랜만에 대화상대가 나타나면 그동안 밀린 말을 실컷 하는 것이다. 높은 사람들도 그런 경향이 있다. 높은 사람들은 대부분 다 독방에 있다. 많은 사람들과 함께 일하는 직원들과는 달리 얘기할 상대가 없다. 주로 보고만 받을 뿐이다. 그러니 오래간만에 대화의 장이 열리면 그동안 하고 싶었던 얘기를 쏟아내는 것이다.

스스로 낮추려는 자는 높아질 수 있고, 높아지려는 자는 낮아질 수밖에 없다. 공감도 그렇다. 내가 다른 사람에게 공감해야 상대도 내게 공감한다. 내가 공감하지 않으면 상대 역시 내게 공감하지 않는다. 소통은 주로 대화를 통해 이루어진다.

대화에는 두 가지 반응이 있다. 전환반응과 지지반응이다. 전환반응은 상대가 한 말과 다른 얘기를 하는 걸 말한다. 말을 돌린다는 뜻이다. 힘들다고 얘기하는 사람에게 그건 아무것도 아니라며 화제를 본인 이야기로 돌리는 것이다. 대화의 초점을 상대로부터 자신에게 돌리며 대화를 주도하려는 욕구다. 지지반응은 말 그대로 상대의 말에 지지를 표시하는 것이다. 내가 말하고 싶은 욕구를 참고 상대에게 초점을 맞추는 것이다. 공감의 또 다른 표현이다.

리더십은
공감능력이다

대대손손 부잣집 아들로 자란 김 사장은 늘 일류 인생을 살았고 고생은 해본 적이 없다. 머리가 좋아 일등을 놓친 적도 없다. 남들 다 가는 군대도 면제받았고 그 흔한 아르바이트조차 해본 적이 없다. 대학 졸업 후에는 미국으로 유학을 가 박사학위를 받고 바로 귀국해 아버지 회사를 물려받아 지금에 이르고 있다. 회사는 워낙 탄탄해 별 탈 없이 잘나가고 있다. 그야말로 평생 부침 없는 평탄한 삶을 살아온 까닭에 어렵게 사는 사람들의 처지를 이해하지 못한다. 말단 직원 생활도 해보지 않아 직원으로 일한다는 것이 어떤 것인지도 모른다. 그러다 보니 엉뚱한 소리를 해서 직원들 염장 지르는 일이 잦다. 한 번은 한 직원이 물가는 오르고 월급이 너무 적다고 하소연하자 김 사장은 "젊은 사람이 무슨 돈이 그렇게 필요하냐"고 타박을 했다. 노후가 걱정이라는 간부에게는 "회사에서 월급도 주고, 자녀들 학비도 대주는데 벌써 무슨 노후 걱정을 하냐"고 답한다. 일이 많아 가족과 같이 지낼 시간이 없다는 사람에게는 "일만큼 재미있는 게 어디 있느냐"며 면박을 준다. 직원들 입장에서는 복장이 터질 일이다. 김 사장은 반듯한 사람이다. 독실한 신앙인에, 술 담배도 안 하고, 사치하지도 않는다. 하지만 그와 일하는 사람들은 김 사장에게 질려 있다. 공감능력이 너무 떨어지기 때문이다. 자신과 같이 일하는 사람들을 이해하지 못하고 늘 자기 입장에서 모든 것을 판단하기 때문이다.

리더는 소통하는 사람이고 소통의 시작은 공감이다. 아무리 옳은 얘기를 해도 공감대가 형성되지 않은 상태에서의 소통은 불통으로 끝날 수밖에 없다. 나는 오랫동안 컨설팅을 해오면서 컨설턴트에게 가장 필요한 능력으로 서슴없이 공감능력을 꼽는다. 일류 MBA들은 대개 머리가 좋고 아는 것이 많다. 전문성에서는 별 차이가 나지 않는다. 하지만 공감능력에서는 큰 차이가 난다. 내가 생각하는 공감능력은 상대 입장에서 생각하는 능력이다. 자기주장을 하기에 앞서 상대방이 무슨 고민을 하는지, 그가 필요로 하는 것이 무언지를 잘 알고 대처하는 능력이다. 공감능력이 없으면 공감대 형성을 하지 못하니 커뮤니케이션 채널이 막히고, 문제점이 무엇인지 모르고 엉뚱한 해법을 내게 된다.

어떻게 하면 공감능력을 키울 수 있을까? 타고나는 것이 가장 크다고 생각한다. 태생적으로 배려심이 있고 상대를 잘 이해하는 사람이 있다. 그렇지만 후천적으로 키우는 방법도 있다.

첫째, 어려운 사람들과 같이 일해보는 것이다. 그들의 처지에서 생각하고 그들을 위해 봉사하는 것이다. 장군이 사병 막사에서 생활해보는 것이 대표적이다. 사장님이 현장에서 작업해보는 것도 그 때문이다. 말이 통하지 않는 낯선 곳에서 몇 달간 생활해보는 것도 좋은 방법이다. 말이 통하지 않는 곳에서 생활하기 위해서는 손짓, 발짓을 써가며 뭔가 자기표현을 해야만 한다. 눈을 맞추고 남들이 무슨 생각을 하는지 필사적으로 알아내려 할 것이다. 만약 낯익은 직원들에게 그런 노력을 기울인다면 공감의 문제는 사라질 것이다. 공감은 그런 것이다.

사람들은 누구나 이해받고 싶어 한다. 인정과 격려에 목말라한다. 당연히 자신의 처지를 이해하고 공감해주고 격려하면 마음의 문을 연다. 반대로 자신의 상황은 알려고 하지 않은 채 그렇게 살아서는 안 된다고 야단치고 나무라면 머릿속으로는 잘못했다고 생각하지만 마음은 움직이지 않는다. 따르려는 마음을 먹기보다는 '그래요. 나는 이런 사람이에요. 잘난 당신이나 멋지게 사세요!'라고 삐딱하게 생각하게 된다.

리더는 지시하고 통제하는 사람이 아니다. 리더는 코칭을 통해 사람들의 숨겨진 잠재력을 이끌어내는 사람이다. 코칭의 핵심은 바로 공감이다. 현재 여러분의 공감능력은 어느 정도인가? 100점 만점에 몇 점쯤 된다고 생각하는가? 그렇게 생각하는 근거는 뭔가? 사람들이 당신 앞에서 무장해제하고 뭐든 솔직하게 얘기하는가, 아니면 굳은 얼굴로 당신과의 만남을 회피하려고 하지는 않는가? 내가 생각하는 리더십은 사람의 마음을 움직여 조직의 목표를 달성하는 것인데, 마음을 움직이는 핵심이 바로 공감이다. 리더십은 곧 공감이다.

인간은 언어로 생각하고, 언어로 소통한다.

인간관계를 맺는 것도, 조직을 이끌어가는 것도 결국 언어다.

그만큼 말이 중요하다.

그런데 부정적인 말은 가능한 한 쓰지 않는 게 좋다.

뇌는 부정과 긍정을 구분하지 못하기 때문이다.

조직을 죽이고 살리는 힘

리더의 언어

초판 1쇄 발행 | 2006년 12월 15일
개정증보판 1쇄 발행 | 2024년 5월 20일

지은이 | 한근태
펴낸이 | 이성수
주간 | 김미성
편집장 | 황영선
디자인 | 여혜영
마케팅 | 김현관
펴낸곳 | 올림
주소 | 서울시 양천구 목동서로 38, 131-305
등록 | 2000년 3월 30일 제2021-000037호(구:제20-183호)
전화 | 02-720-3131 | 팩스 | 02-6499-0898
이메일 | pom4u@naver.com
홈페이지 | http://cafe.naver.com/ollimbooks

ISBN 979-11-6262-061-8 (03320)